楽しく、貯まる「づんの家計簿」

書きたくなるお金ノート

づん

はじめに

「毎月の生活費はどのくらいですか？」

結婚して長男を出産し、学資加入のついでに保険の見直しをしようとプランナーさんとお話をした際に質問されたことです。

当時の私は、結婚を機に家計管理を任せられ、夫の収入のみの生活がスタートしたので、家計簿をつけなければ、と模索していました。でも、そのときはただお店ごとに買ったものの合計金額だけを書いたり、まとめ買いしたときはなんとなくレシートを貼ってみたりと『記録している＝家計簿をつけて管理している』という気分でいました。

プランナーさんに、何がどのくらいの支払いで、どのくらいの貯金ができていて、どのくらいの余裕があるのか、と問われたとき。私は当時つけていた家計簿を開いて答えようと

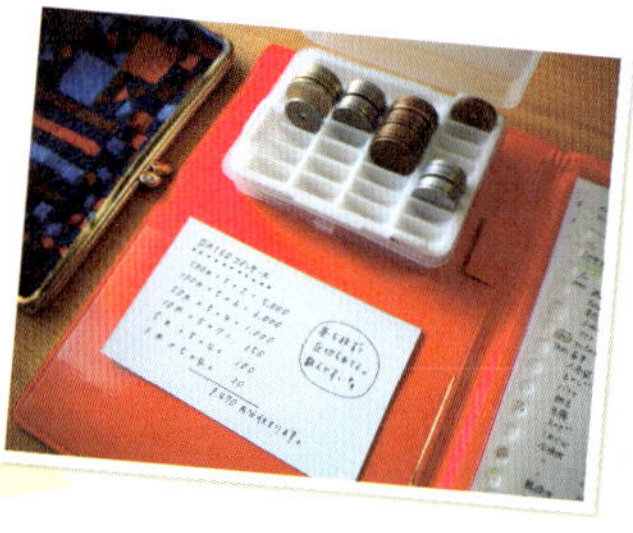

しましたが、自分が知りたい情報がまったく目に入ってこず、その結果何も答えることができませんでした。何がどこに書いてあるのか、自分で書いたのにわからなかったのです。
もちろん、現状を把握していなかったので、将来設計の話も本来ワクワクするはずなのに、今の家計にどのくらい余裕があるかわからない状態で保険に加入してよいものなのか、支払い続けることはできるのか……と不安しかありませんでした。その日から家計簿を模索する日々がはじまりました。
でも、書き方やノートを何度変えても結局続かず、つけている間もまるでしっくりこないのでストレスでしかありませんでした。「楽しく、ストレスもなく家計を把握できるような家計簿をつけることはできないかな〜」と当時つけていた家計簿のマイナス点を書き出し、たまりにたまったレシートの束を眺めていたとき、ふと気づいたのです。

「レシートの横幅ってほとんど同じだ！」

思わず私は方眼紙とペンと定規を取り出しました。紙に均等に縦線を引いて、時系列に沿ってレシート内容を縦に書き出していったら、心がワクワクしたんです。ひらめきの瞬間でした。

それからはレシートを書き出す習慣をつけていきながら、自分が知りたい情報を項目化して家計簿を充実させ、1〜2年経って今の「づんの家計簿」の形が完成しました。

また、貯金をするという目標の前にしなければいけないことは、我が家の現状を知ることだと気付きました。把握する、しないとでは心の余裕がまるで違います。私は把握できるようになって、漠然とした不安がなくなりました。たくさん挫折してきたぶん、今は大きな達成感を覚えています。年々変わる生活と家計の動きで、常に家計簿も変化していくと思い

ますが、それもひとつの楽しみになっています。

SNSで書き方を発信するようになってから、多くの方が「づんの家計簿」を参考に頑張っています。ただ簡単に、楽することばかりを追求する考えが今の世の中には多いですが、内容が空っぽだったり、続かなかったりしては意味がありません。自分にしっくりくる、意味のある書き方を継続することで充実感を得ることができると思います。

本書では、「づんの家計簿」の基本的な書き方から応用編までを紹介しています。これから家計簿を頑張りたいと模索されている方の参考になれば嬉しいです。

継続していくことで見えてくることは、たくさんあります。何より自分自身の成長を実感できる家計簿になると思うので、変化を楽しみながらぜひ取り組んでみてください。

づん

もくじ

CONTENTS

はじめに…2

PART 01
はじめてみたらこんなに簡単「づんの家計簿」の書き方～基本編～

づんの家計簿ってどんなもの？……12
公開！これがづんの家計簿だ……14
最初は最低限必要な道具があればOK……16
づんの家計簿の書き方
準備編1 線を引き、フォーマット作成……20
準備編2 毎月必ずある支払い項目をあげていく……22
準備編3 今月の出費の予定を書き出しておく……23
実践編1 日々の支出を1か月書いていく……24
実践編2 税抜き価格は税込価格に計算する……26
実践編3 上書き合計していく……28
実践編4 お財布の残金を書く……30
COLUMN づんのお財布……32
実践編5 クレジット払いはどうする？……34

実践編6 ネットの買い物はどうする？ …… 36
実践編7 夫に立替えて
もらった分はどうする？ ……… 38
実践編8 給料日がきたら収入欄に記入 …… 40
実践編9 電気検針日がきたら固定費に記入 …… 41
実践編10 誰の買い物なのか書く ……… 42
実践編11 医療費も生活費内で計上する …… 43
実践編12 図書カードやQUO
カードでの支払いは？ ……… 44
実践編13 印象に残ることを書き残す …… 45
実践編14 ガス検針日がきたら
ガス代を書く ……… 46
実践編15 固定費の支払いをしたら
チェックする ……… 47
COLUMN 固定費は最初は埋まらない！ …… 48
実践編16 特別費は別会計 ……… 50
実践編17 臨時収入は書いておく ……… 51
支出の書き出し１か月分終了！ ……… 52
実践編18 天引き貯金は累計額を書き出す… 53
COLUMN 貯金リスト作成のすすめ ……… 54
実践編19 赤字か黒字かチェックしよう …… 56
まずはここから！ シンプル家計簿 ……… 58

PART 02
「 づんの家計簿」の書き方 ～応用編～
慣れてきたら集計&反省点・改善点を書く …… 62
ワンランク上の集計術 …… 64
COLUMN
慣れてきたらこんな文具も …… 68
集計をしやすくするための工夫 …… 70
づんの集計用ノート活用術 …… 72
続けられる家計簿とは？ …… 74
続けるためにストレスをなくす …… 76

COLUMN
ときめく文具を使おう ～づんのお気に入りアイテム～ …… 79
まず1年ただ書いてみる …… 80

PART 03
家計簿で把握できること
特別費がどれくらいかかるかを把握 …… 86
特別費は年間を通して1か月ごとに
上書き合計で把握する …… 90
貯金を把握し、ボーナスは特別費に …… 92
家計簿の目的は「貯金」ではなく「把握」 …… 94

予算を把握し、出ていくお金をやりくり ……… 96

夫へはお小遣い制ではなくその都度制 ……… 100

こんなものも一緒にあると便利！ ……… 102

家族のライフプラン・家族年表を作る ……… 110

PART 04

家計簿をはじめてよかったこと

よかったこと1　家計について
答えられるようになった ……… 114

よかったこと2　夫との関係が変わった ……… 115

よかったこと3　欲のバランスが
とれるようになった ……… 116

よかったこと4　家族との思い出が
よりよいものに ……… 117

よかったこと5　いるものしか買わなくなった… 118

よかったこと6　底値がわかるようになった … 119

COLUMN

づんの整理術 …… 120

よかったこと7　未来への不安がなくなった … 122

よかったこと8　ポジティブになった ……… 123

インスタグラムでづんの家計簿は変わった … 124

おわりに ……… 126

Part 01

はじめてみたら こんなに簡単

「づんの家計簿」の書き方

基本編

私の家計簿は文字がびっしりと詰まっていて、几帳面に整頓されているように見えますよね。

「細かい人しか続かないのでは」「面倒くさがりな私には難しいかも」という感想を持つ人も多くいます。

でも、大丈夫！　これから紹介するづんの家計簿は、基本的には買ったものを書くだけ。決まった形式はなし。驚くほどシンプルかつ簡単なしくみ。はじめてみれば簡単なことがわかると思います！

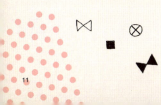

づんの家計簿ってどんなもの？

私自身、家計簿に挫折したことがあります。「設定されている項目に、買ったものをどう当てはめたらよいか悩む」「なんでこんなに書くスペースが小さいの？」市販の家計簿には、そんな〝ストレス〟がたくさん潜んでいたのです。

そんな経験を積むうちに、〝全部自分で決められる家計簿〟を作ろうと思い立ちました。まっさらな紙に自分の書きたいことだけを書くのが、一番簡単だ！と気が付いたのです。そこから、よりシンプルに、簡単に、面倒なことはしないぞ……、と2年かけて改良を重ねてきました。そうしてようやくできたのが、今からご紹介する〝づんの家計簿〟です。

づんの家計簿は、たった3つのパートから構成されています。①固定費・メモ・貯金額の欄。ここはわかったものからその都度書いていきます。②支出を書く欄。買い物をするたびに書き込みます。③月末の集計を書く欄。1か月の生活を振り返りながら、月末に書いていきます。

この3つのパートを書くことで、家計をやりくりするために知りたいこと全てを把握できます。いくら入って何にいくら使ったのか。そんな最も知りたいことがわかるのです。

よく見るととてもシンプル。
色分けも、たった５色で。

公開！これがづんの家計簿だ

鶏むね肉 201 186
〃 192 178
手羽先 247 229
〃 255 236
ささみ 267 247
(5260) 山賊焼 242 224
ダイソー 積重BOX×5 540
(23236) 34841
8/14
ディオ 超熟×2 320 296
ブルガリアヨーグルト 150 139
牛乳×2 363 336
(983) (子)ジュース 150 139
(22253) 35824
8/17
西松屋 手口ふき 799
(R)tee車 479
(R)靴下 499
(N)tee 579
(2835) (N)サンダル 479
ワークマン (K)部品類 1046
TRIAL たまご 179
ココア×2 598
オイスターソース 159
ゆかり 99
もやせるゴミ30L 300
〃 20L 200
ハブラシ 85
(K)靴下×2 598
(2516) (Z)靴下 298
coen (Z)パーカー 2332
(K) 飲み会 4500
(14191) 49053
8/19
歯医者 (Z) 2960
無印 カステラ 108
(308) レーズンチョコ 200
(10923) 52321
8/20
今書 単行本
1404円 − 図書カード ＝ 0
大戸屋 2148

イオン (R)トミカ 388
ガソリン @108 3,000
(28387) ATM2万 57857
8/21
TRIAL 玉ねぎ 98
キャベツ 198
オクラ×2 198
ピーマン 98
きゅうり 138
じゃがいも 198
小松菜×2 196
もやし×3 114
りんご 298
バナナ 138
デラウェア 298
スイカ 780
納豆 69
豆腐 79
さわら 380
塩さば 298
ちりめん 198
エリンギ 98
えのき×2 156
オールブラン 298
ブルガリアヨーグルト 139
豆乳×3 477
カレー粉 369
カットわかめ 59
白ごま 99
(子)おっとっと 139
(子)ジュース 159
十六穀米 799
化粧水 738
アルコール除菌 158
ピーラー 279
単3電池×2 118
ラップ×2 270
(11231) こしひかり10kg 3100
(17156) 69088
8/23
ぶんぶん堂 祝儀袋 324
自販機 麦茶 130

産院 無料券 0

6か月健診♡
1週分大きい！
おなかも大きい！
3000gこえるペースだな！
男の子確定！

おひるごはん
(K)が焼肉おごってくれた！ありがとう♡
HAPPY

(46702) ATM3万 69542
8/24
ディオ グレープフルーツ 398 369
超熟×2 320 296
〃 マフィン 160 148
ベビーチーズ 95 88
プリマウインナー 388 359
(1557) アイス×2 196 182
ゆめたうん (N)ヘアピン 324
(702) (N)ヘアゴム 378
(K) 打ち上げ 4000
(41145) 75801
8/25
HAUS (Z)チーズケーキ 500
☑楽天クレジット 70501
☑保育料 12300
☑家賃支払い 67530
(水道代3530円)
振込完了!!
Memory ケーキ×4 1580
(39065) 77881
8/26
ETC 6月分 9124
— —
8/27
(K) 友人結婚式 30000
〃 2次会 5000
ディオ りんご 430 398
バナナ 159 147
ブルガリアヨーグルト 150 139
(1102) 牛乳×2 363 336
ダイソー サンシェード 324
マグネットBOX×2 216

S字フック×2 216
70L袋 108
90L袋 108
(1836) (K)車関係×7 756
(1127) 80819
8/30
ココカラファイン OS-1×6 1068
(1335) マスク 267
ディオ スーパーH2O 139 129
アイスの実 98 91
(332) おフロのルック 95 88
眼科 (K) 1650
アガン BD祝い！ 3690
夫母BD祝い♡ おめでとう〜♪
郵便局 発送 1200
イオン 豆腐 98
食ぱん×2 298
チーズ 537
牛乳 203
(1317) ヤクルト 181
山京 ごまドレ 616
(10987) 90959
8/31
(K) 弁当 420
チョコパン 108
(10459) 91487
8月固定費 166,057
8月総支出 257,544
8月総収入 290,381
差額 32.837

16ページからこの2016年8月の家計簿を使って、白紙の状態から月末までの工程を、書き方の説明を加えながら紹介していきます。

※この家計簿の内容は掲載用に書き下ろしたものです

2016(H28)/8

《収入》261.381 + 児手 25.000

8/30 フリマ 4.000円!

《固定費》

家賃	64.000
電気	4.909
ガス	5.862
水道	3.530
車ローン	10.500
(K)携帯	4.122
(エ)携帯	4.213
Yahoo!	498
(R)保育料	12.300
	109.934

貯↓

個人年金	12.000
貯蓄型保険	29.123
積立貯金	15.000
	56.123

Total 166.057

のこり 120.324

《今月の予定》

楽天で注文するもの

- (エ)チーク 735円
- 青汁 3.480円
- パンパース 4050
- ルイボスティ 1.000円
- ZEQUENZ360 1.296円
  → プレゼント 祖母へ

- 8/19 歯医者 2960
- 8/17 (K)飲み 4500
- 8/24 (K)打ち上げ 4000
- 8/25 (エ)友人とカフェ 500
- 8/27 (K)祝儀 3万
  二次会 5千

《固定貯金の累計》

+天引き 共済 10.000円

共済	850.000	積立	250.000
個年	636.000	貯保1	355.400
学資	360.657	貯保2	398.889

合計 2.850.946

8/1
TRIAL
なす	158
もやし×2	76
じゃがいも	198
小松菜×2	196
オクラ×2	196
バナナ	138
豆腐	79
納豆×2	198
たまごL	169
オールブラン	299
ブルガリアヨーグルト×2	278
牛乳L×3	504
しょうゆ	279
ケチャップ	199
キッチン紙	189
(子)かっぱえび	99
(3414) (子)スポロン	159

イオン
ヤクルト	181
(286) 椎茸	105

(32334) 3700

8/5
ディオ
玉ねぎ	199	184
食ぱん	150	139
ゴーダチーズ	1058	980
牛乳L×2	363	336
(1940) そうめんつゆ	170	158

ガソリン @113 6.523

(30394) 12.163

8/6
Pastograzie 大人×2 3.240
(3780) 3才 540

HOK
人参	103	95
長芋	215	199
とうもろこし×3	317	294
舞茸×3	308	285
手羽先×4	1148	1063
キャラメル	172	160
(2475) めかぶ	212	196

(30394) 18.418

8/7
(K) 弁当 430

(29964) 18848

8/8
ティーライフShop
ルイボスティ 1.000
250pGET

ココカラファイン
(エ)チーク 735
青汁 3480
(4215) 42pGET

爽快ドラッグ
パンパースウルトラジャンボL×3
4500円 − クーポン10%OFF = 4050
41pGET

ライフバランス
ZEQUENZ360
1296 + 送200 − Ⓟ = 0
60pGET

− 28113

8/3
ディオ
超熟×2	319	296
バター	214	198

(628) チョコ 95 88

(29336) 28741

8/9
レイクライン 300

(29036) 29041

8/11
シンコー
なす3本	214	198
とうもろこし×2	211	196
人参カゴ売	108	100
トマト4本	214	198
りんご	322	298
バナナ×2	108	100
ぶなしめじ×3	188	174
ブナピー×3	155	144
舞茸×3	220	204
菓子パン	54	50
ハンバーグ	258	239
大山豚	810	750
豚挽肉	289	268
鶏もも肉	365	338
〃	340	315

最初は最低限必要な道具があればOK

学生時代、新しいノートの使いはじめは気合が入って、カラフルな色分けや、可愛くなるようなデコレーションを一生懸命していたけれど、それをずっと続けるのは大変。結局続かなくなり、だんだんノートをとる行為自体おざなりに……なんていう経験、身に覚えがある方も多いのではないでしょうか。

また、道具一式をそろえたことで満足して、結局何もしなかった……なんてことも、よくある話ですよね。

家計簿も同じこと。最初からはりきりすぎて、道具を全部そろえたのはいいけれど、面倒になって3日坊主……。そうならないために、まずはシンプルな形ではじめましょう。道具もまず簡単にこの4つを準備してください！

①方眼のルーズリーフ　②ペン類　③税込み計算のできる電卓　④定規

自分が使いやすければ、百円均一などで売っている低価格のものでかまいません。もちろん、家にあるもので対応しても大丈夫です。

私は手軽に書き込めるように、クリップボードなども使用しますが、はじめのうちは家で家計簿を書くセットだけをそろえればOK。慣れてきたら、徐々に買い足していけば問題ありません。

お家にあるものも上手に活用しながら、簡単にそろえてみましょう。ペンの色は好みのものでもOKです。

must item

1

方眼ルーズリーフ

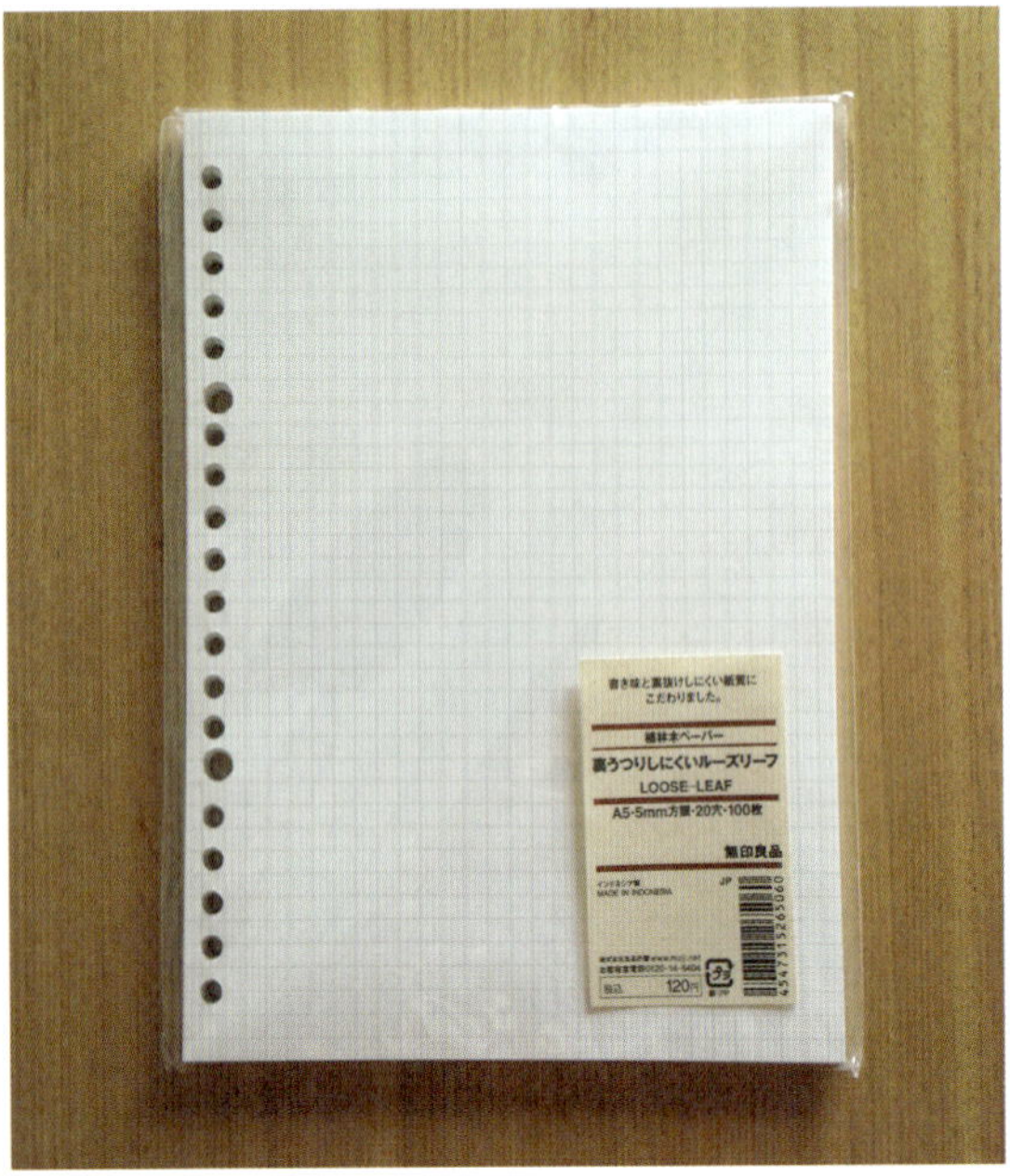

紙は家計簿の主役です。私は無印良品の「裏うつりしにくいルーズリーフ」を愛用しています。紙質がお気に入りで、表作りに使いやすいところも魅力です。方眼のマス目に合わせれば自然と文字の大きさがそろうので、すっきり見やすい家計簿作りにピッタリです。

must item

2

ペン類

日々の支出はユニボール「シグノ0.28」黒で。ケイ線と収入・貯金は同じものの青色を使用します。上書き合計は、目立ちやすい赤色。お財布の残金は緑色。クレジットカードはオレンジ色のペンで書き分けます。色は自分の好みで選んでかまいません。

must item
3
電卓

家計簿に電卓はつきもの。ついスマホのアプリで済ませてしまいがちですが、やはり卓上タイプのほうが使い勝手がよいようです。このとき、必ず“税率計算”の機能がついているものを選んでください。日々の支出を計算するときに必須の機能です。

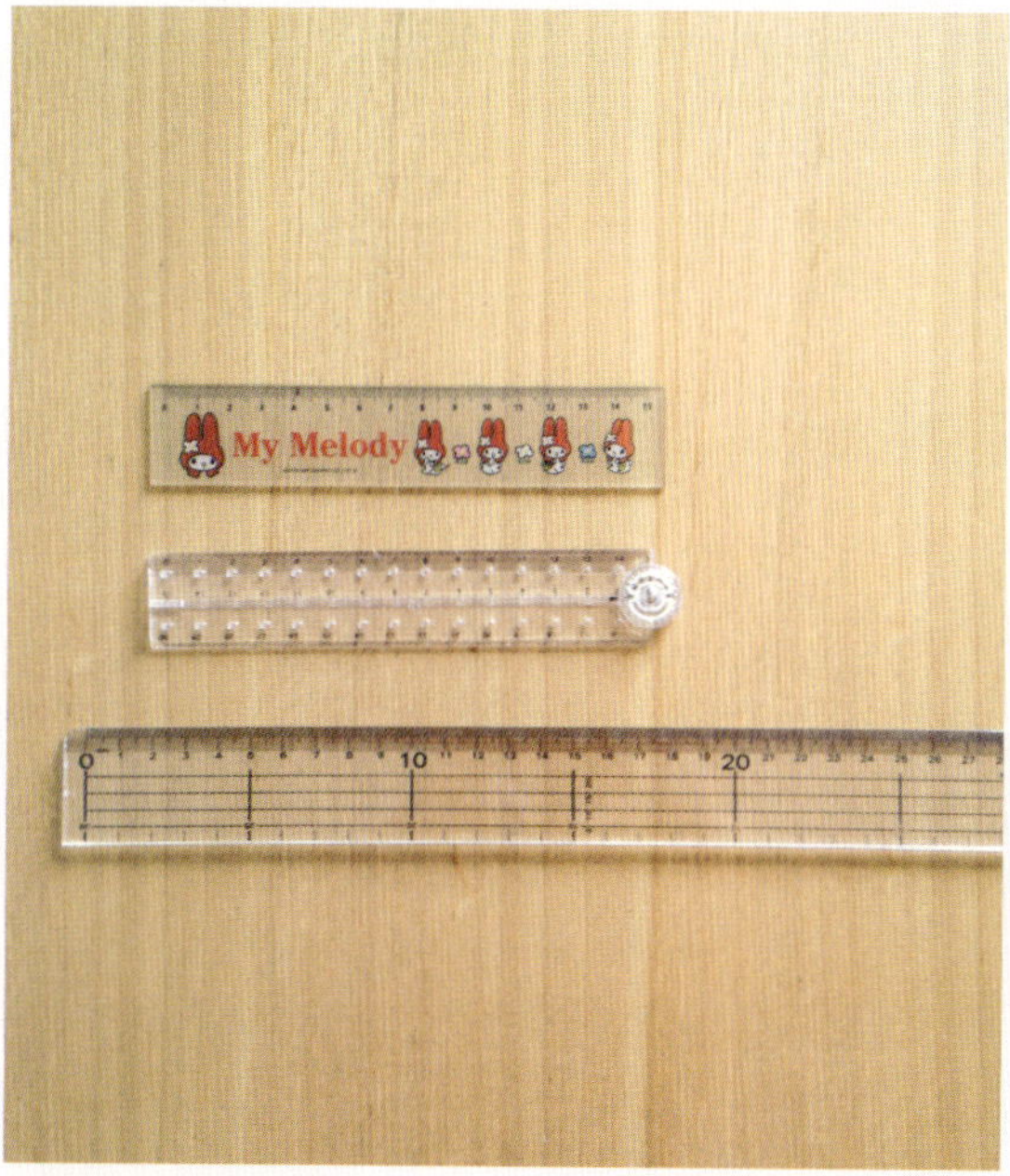

must item
4
定規類

P20のケイ線の引き方で紹介した方法は、薄手の定規を使うと簡単にコツが掴めます。また、ルーズリーフの縦方向に線を引くときは15センチ定規では長さが足りません。短い定規をずらしながら使うと、線もずれやすくなるので、30センチ定規を用意しましょう。

づんの家計簿の書き方

準備編Ⅰ

線を引き、フォーマット作成

1

方眼のルーズリーフを、見開きにして使用します。

2

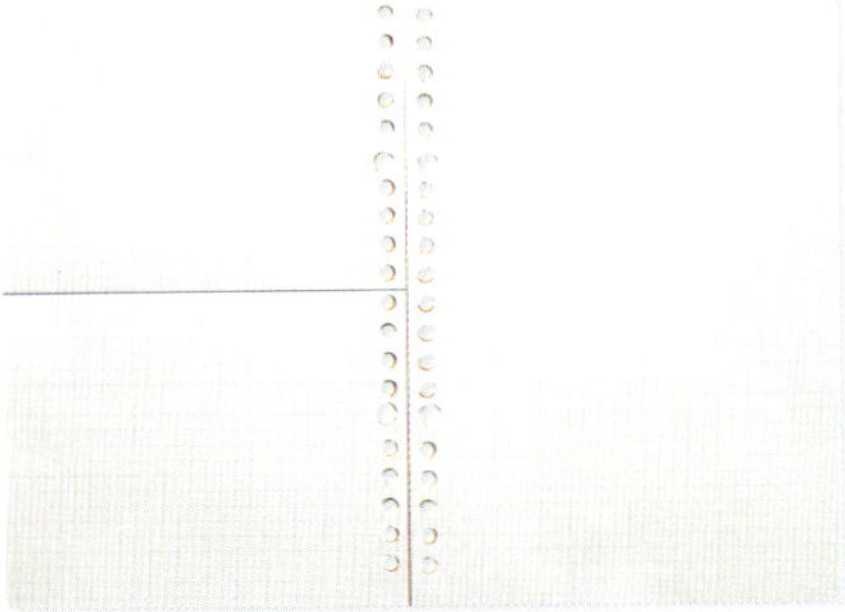

左のページを、上下で2分割にします。

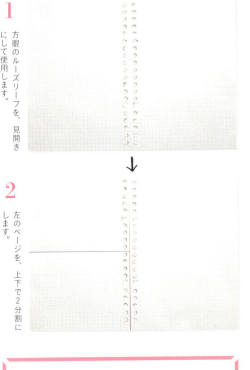

ケイの引き方

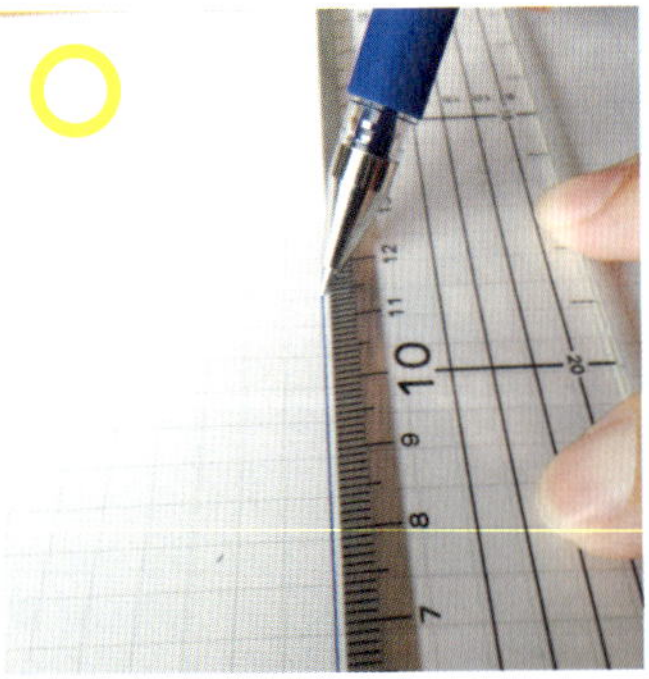

定規に、ペン先の横を当てれば、インクが付きません。

ペン先を定規に当てて線を引くとインクが付き、定規を離したときにインクが広がる原因に。

3

上下に分割した下半分を、縦に分割していきます。

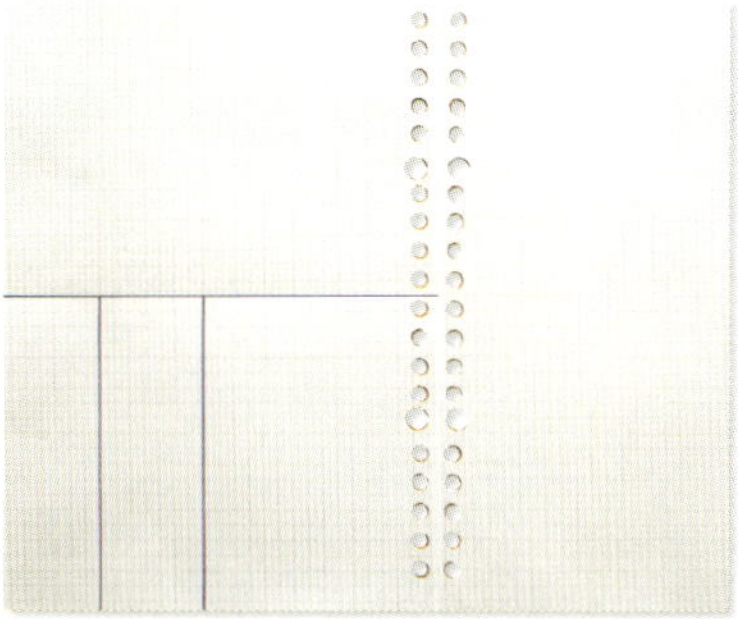

4

四分割になったこのスペースには、日々の出費を書きます。

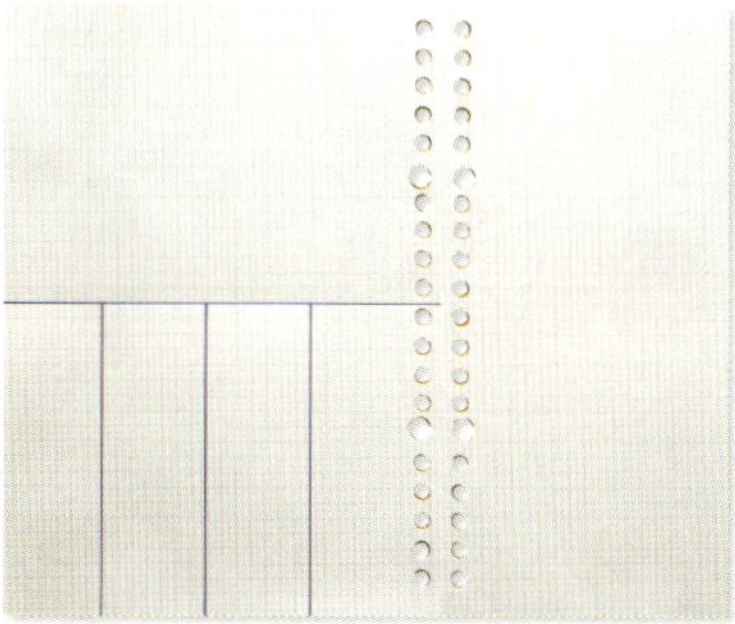

5

左ページは完成。右のページは、縦に分割していきます。

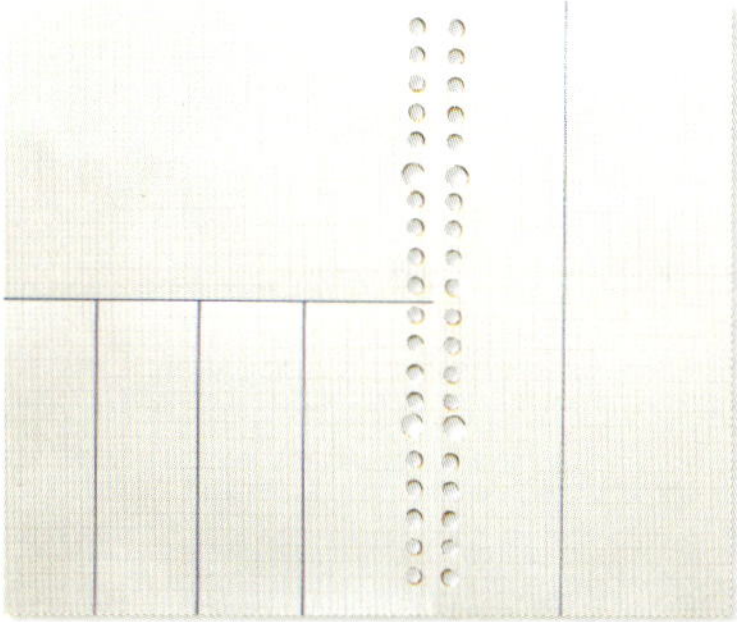

6

等間隔に、4分割するように線を引いていきます。

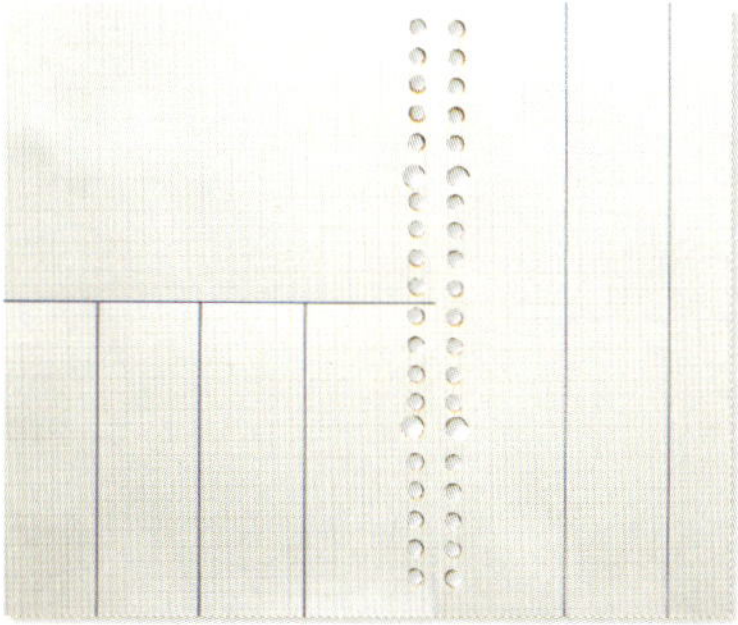

完成!

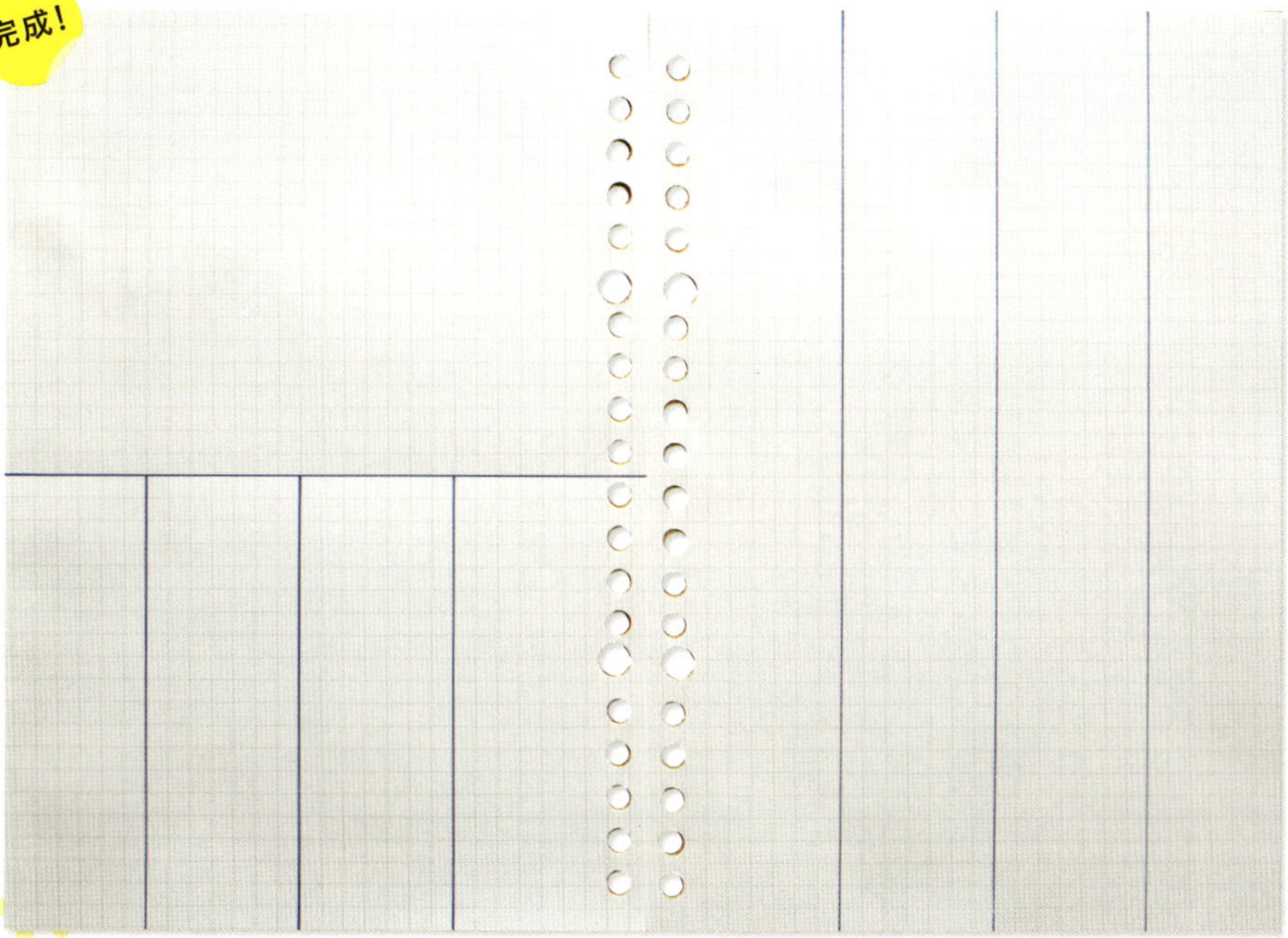

基本フォーマット完成です。

準備編2

毎月必ずある支払い項目をあげていく

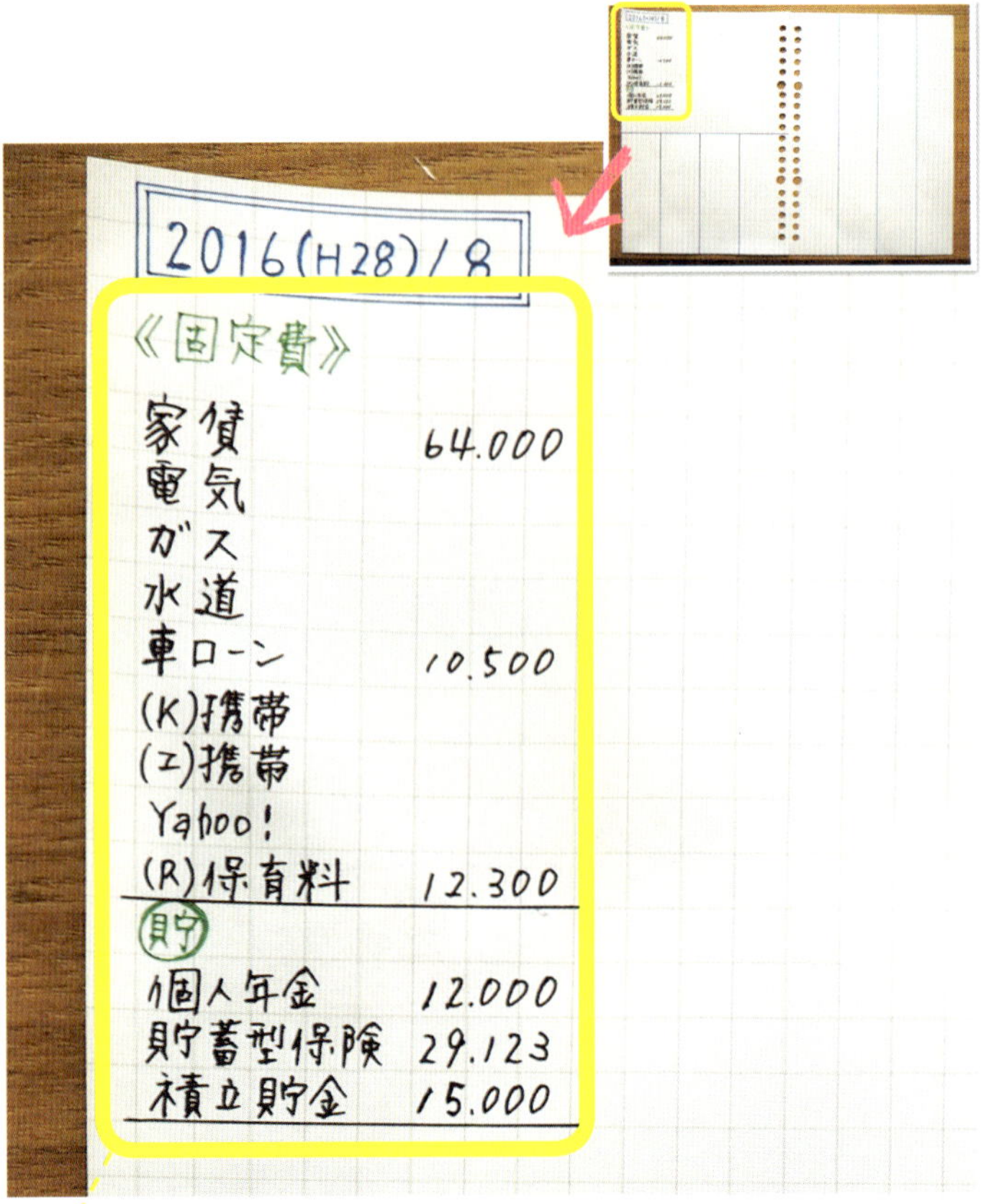
2016(H28)/8
《固定費》
家賃 64.000
電気
ガス
水道
車ローン 10.500
(K)携帯
(エ)携帯
Yahoo!
(R)保育料 12.300
貯
個人年金 12.000
貯蓄型保険 29.123
積立貯金 15.000

必ずある支払い項目を“固定費”としてあげる

毎月支払いをすることが決まっている項目を、〝固定費〟として書き出します。光熱費や携帯代は、毎月変動しますが、支払うことは決まっているので固定費として扱います。

また、毎月支払っているものの、貯金となって積み立てられているものは固定貯金として書き出していきましょう。

固定費が把握できると「子供が受験生。塾に通わせたいから毎月の月謝がかかる」なんていうときも、「現状の固定費に、3万円増えるから合計は……」と焦らず考えられます。まずは毎月の固定費を「知る」ことが重要です。

今月の出費の予定を書き出しておく

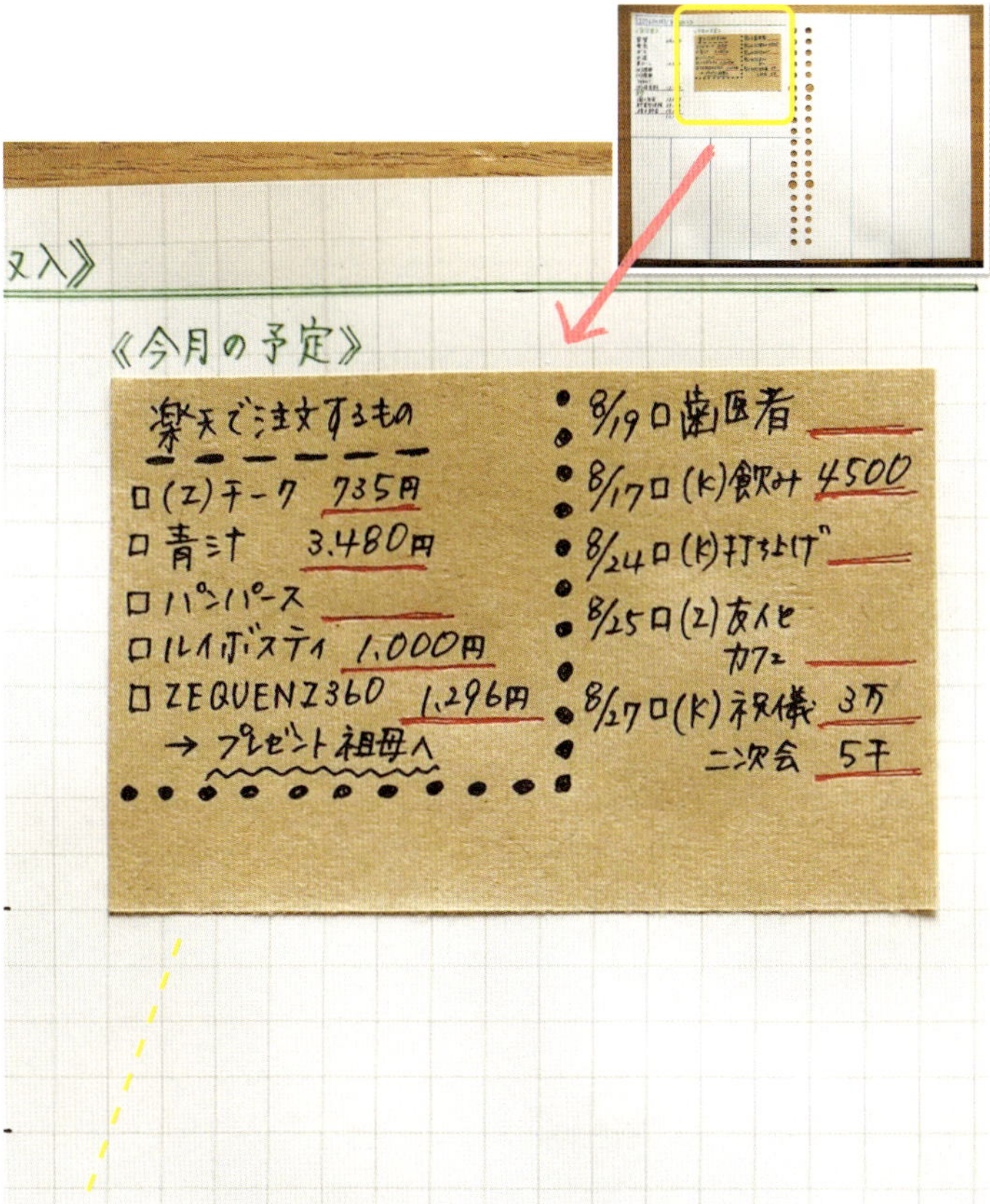
《今月の予定》
楽天で注文するもの
□(Z)チーク 735円
□青汁 3,480円
□パンパース
□ルイボスティ 1,000円
□ZEQUENZ360 1,296円
→ プレゼント祖母へ
8/19□歯医者
8/17□(K)飲み 4500
8/24□(K)打ち上げ
8/25□(Z)友人とカフェ
8/27□(K)祝儀 3万
二次会 5千

その月の予定をざっくりと書き出す

あらかじめ、お金を使いそうな予定がわかっていたら、メモの欄に書き出します。たとえば12月なら、忘年会があることが想定できるので、月初めに書き込みます。月の途中で「友達とランチの約束をした」「子供の靴を買い換えなきゃ」などと予定が発生したときも、わかった時点でおおよその支出額を想像してメモの欄に記入します。

毎月、お金の使い道は変わるものです。月初めにだいたいの支出の予想をしておくことで「今月は後半におでかけの予定があるから、前半は節約しよう」という調節が可能になります。

実践編1
日々の支出を1か月書いていく

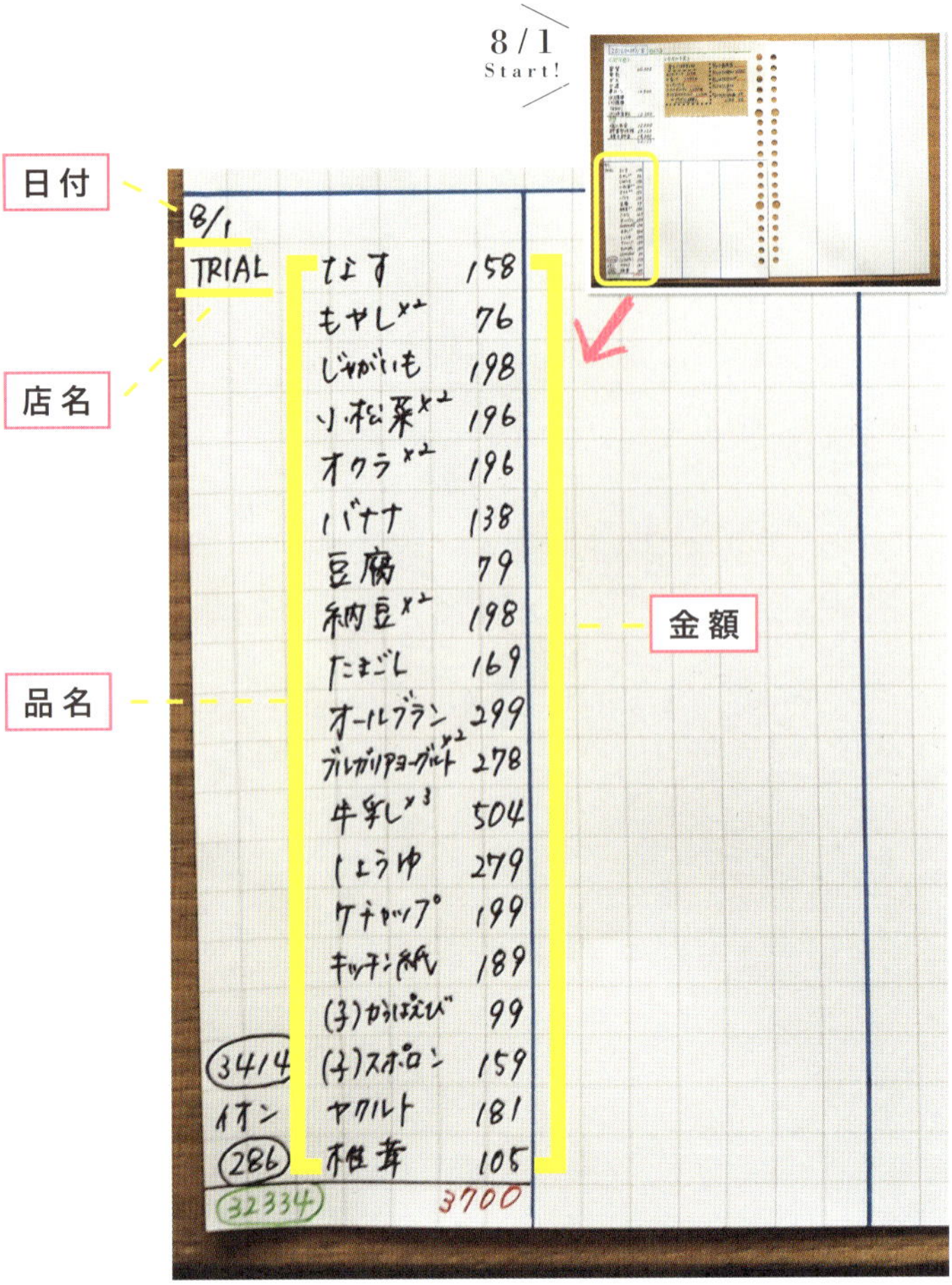

買い物をしたら、買ったものの品物と金額を書いていきます。これは、「づんの家計簿」で最も重要な作業です。

日付と店名を書き、後は買ったものをひとつひとつ書いていきましょう。ためてしまうとおっくうになるので、できればその日のうちに書くようにしましょう。

書いているうちに、「A店よりB店の牛乳のほうが、同じメーカーなのに10円安い」などということがわかってきます。レシートを移すという簡単な作業を繰り返すだけで、次第にお金の使い方が見えてくるのです。

複数の店での買い物はそれぞれの合計額を

何件かの店で買い物をした日は、各店舗ごとの合計金額を書いておきます。上書き合計をする際もそれぞれの合計金額を足せばよいので、一品一品足す手間が省けます。ここでは、TRIALの合計金額3414円とイオンの合計金額286円を最後の商品名の左横に書いています。

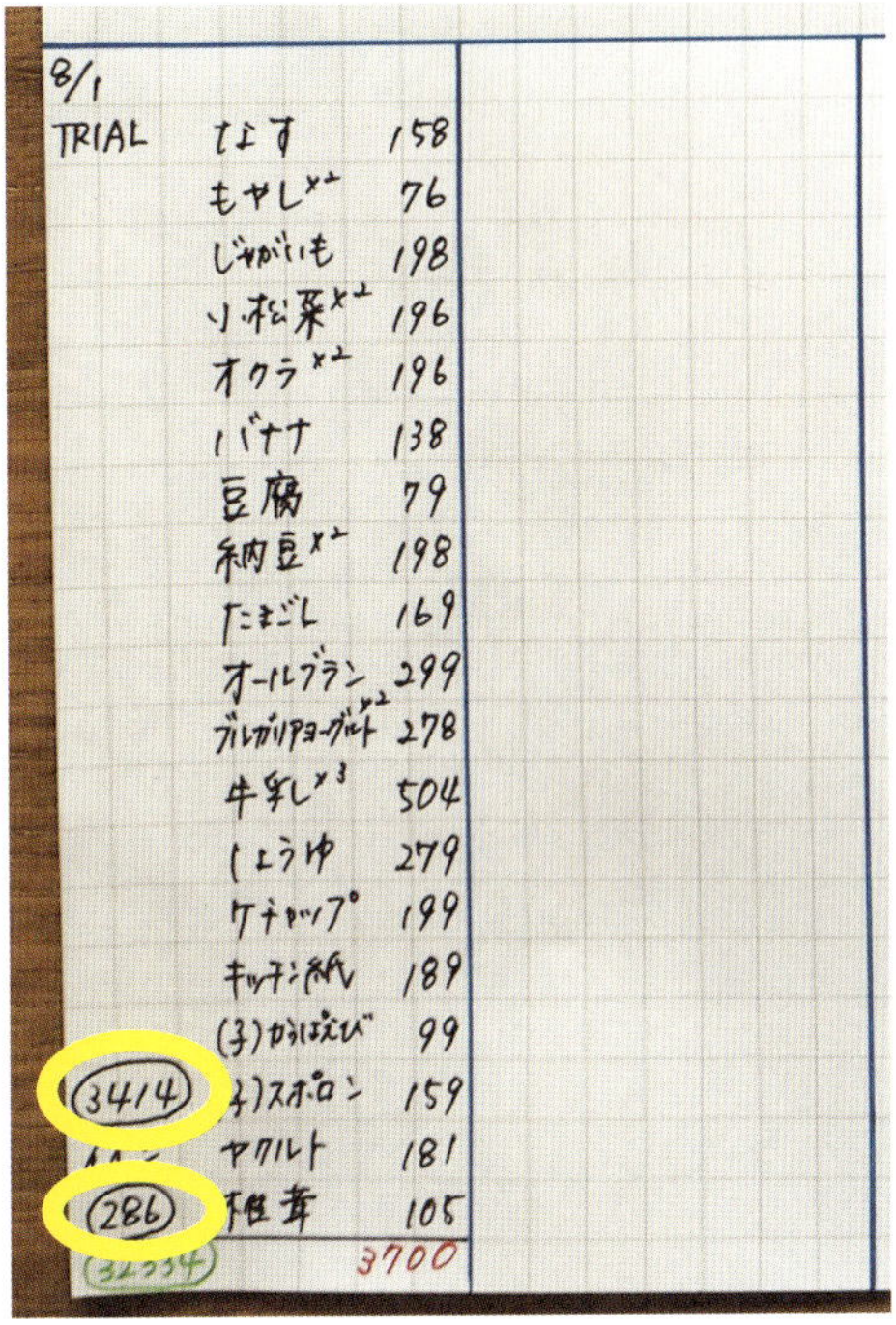

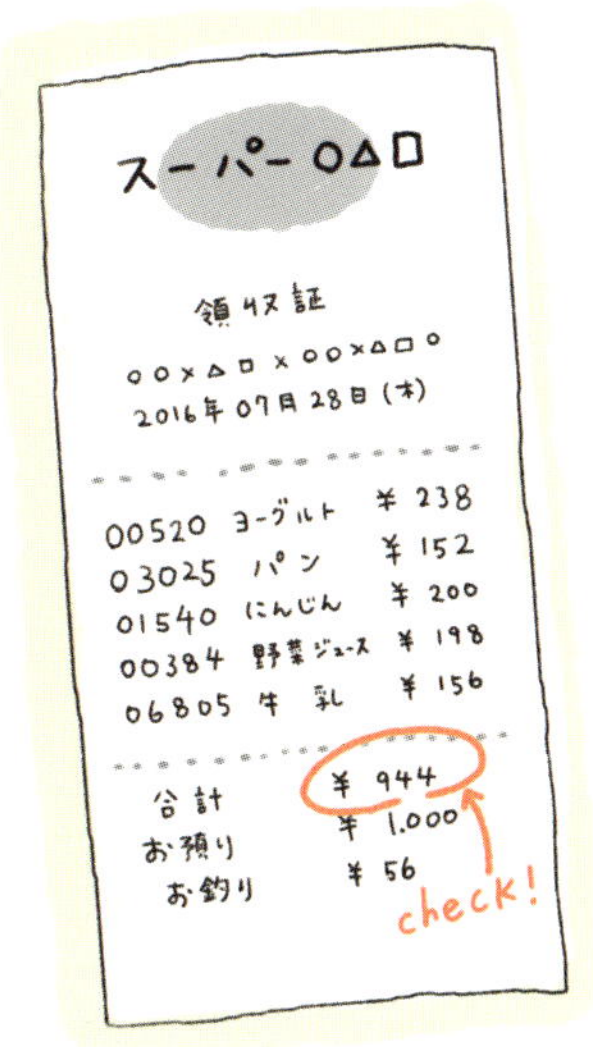

小計や外税商品金額計は消費税抜きの合計になっている場合があります。必ず、合計と書いてある部分を家計簿に書き写しましょう。

細かく書くことに意味がある！

「全部書くなんて面倒。レシートの合計金額だけでよいのではないですか？」とよく聞かれますが、何をいくらで買ったかを把握することが重要です。

商品名を正しく書く必要はありませんが、お菓子353円ではなくポテトチップス353円と書いておいたほうが後々見返したときにわかりやすいですよね。私は、余裕のあるときはメーカーまで書いています。

品物をひとつひとつ書く作業は、商品を選んでカゴに入れる時間より、短い時間で済みますが、品物の底値の把握や意外な浪費に気付くなどの効果をもたらします。毎日の日課にしてください。

実践編 2

税抜き価格は税込価格に計算する

8 / 5

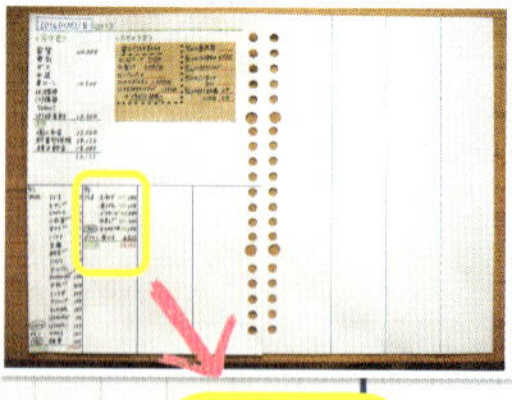

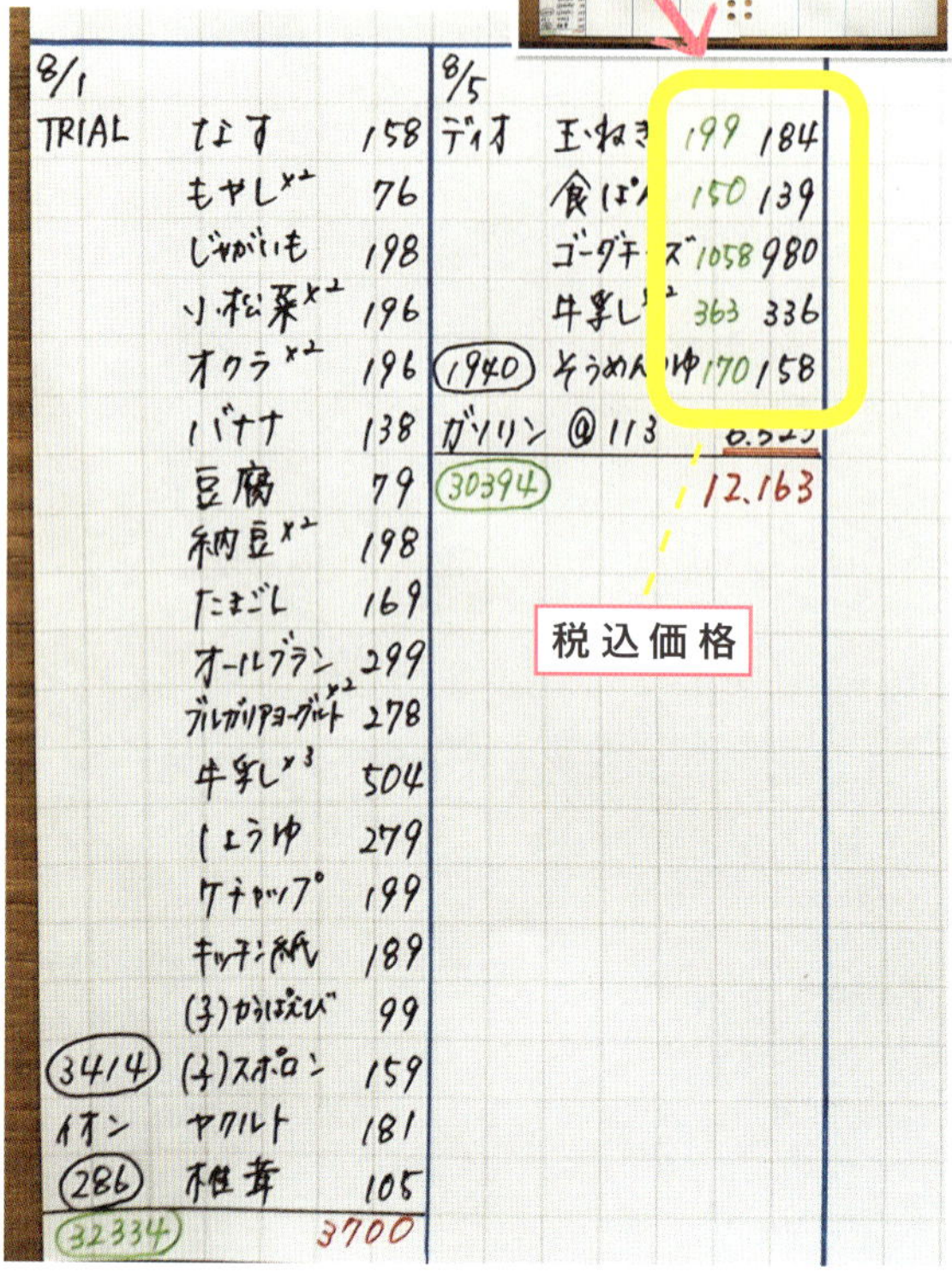

8/1
TRIAL なす 158
もやし×2 76
じゃがいも 198
小松菜×2 196
オクラ×2 196
バナナ 138
豆腐 79
納豆×2 198
たまごL 169
オールブラン 299
ブルガリアヨーグルト×2 278
牛乳L×3 504
しょうゆ 279
ケチャップ 199
キッチン紙 189
(子)かっぱえび 99
3414 (子)スポロン 159
イオン ヤクルト 181
286 椎茸 105
32334 3700
8/5
ディオ 玉ねぎ 199 184
食パン 150 139
ゴーダチーズ 1058 980
牛乳L 363 336
1940 そうめんつゆ 170 158
ガソリン @113
30394 12,163
税込価格

CASIO
税率設定
税抜
税率
税込
MRC
M−
M+
C
AC

Check!

電卓は“税率計算”の機能が付いているものを選びましょう。なぜなら、レシートには単品価格が税抜き表記のタイプと税込み表記のタイプがあるから。

税抜きのレシートを見つけたら、一品一品税率をかけて税込価格を計算しましょう。品物の底値が知りたいとき、全てのお店の税込価格が書かれていればスムーズに比較することができます。

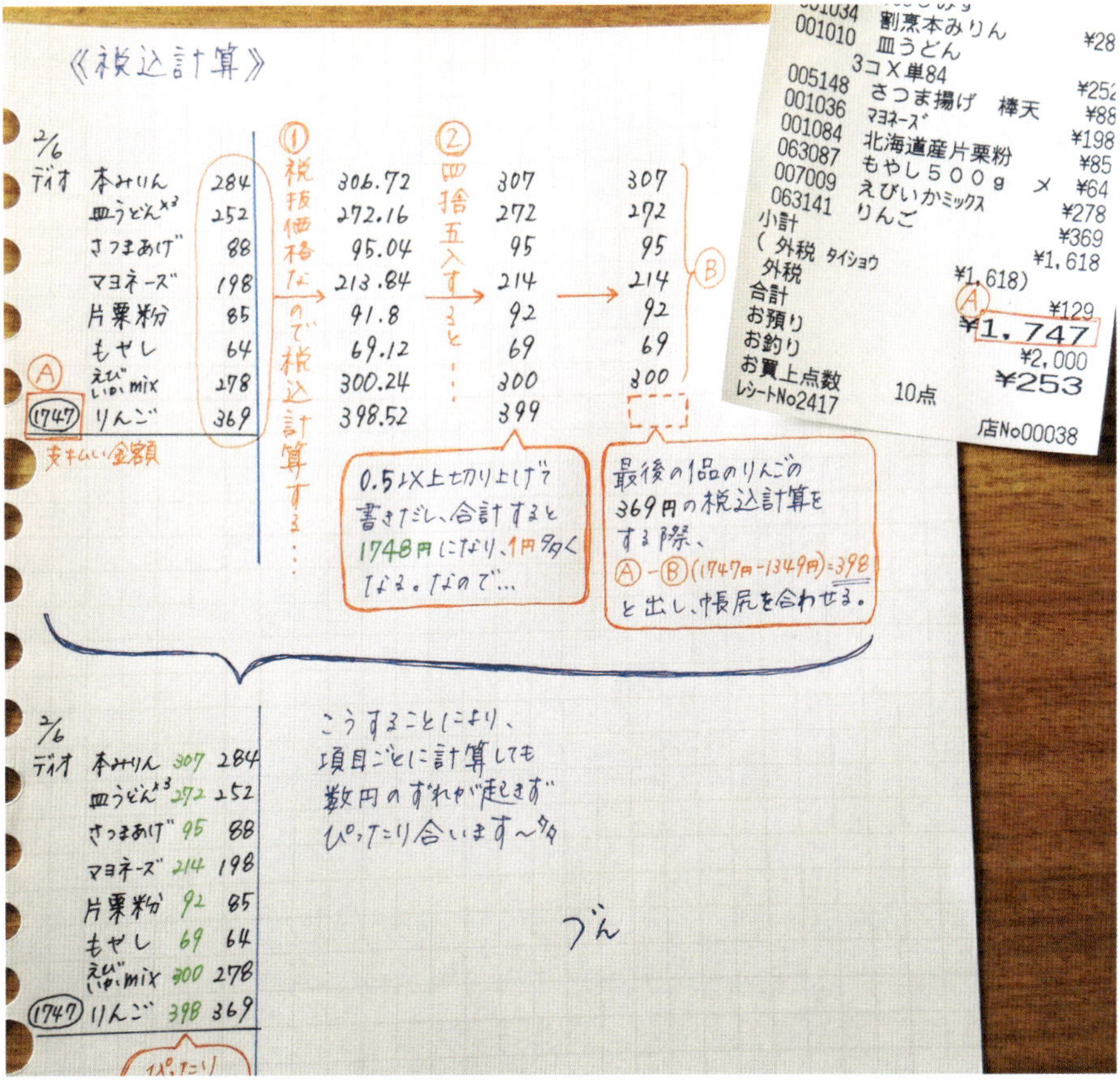

『一円の差額』が出たら？

税込み計算をすると、小数点以下の端数が出る場合があります。たとえば２８４円の本みりんは、税込み計算すると３０６.７２円。この０.７２円という端数を処理しないと、合計金額に１円の差が出るのです。

上書き合計をするときは、レシートの合計額を見るだけで問題ありませんが、単品ごとの集計作業をするときに誤差が出る場合があります。そんなときに役立つ私流の帳尻合わせの仕方が写真の方法です。各品を単純に四捨五入していき、最後の一品は計算せずに残しておきます。四捨五入した合計額（最後の一品は含まない）を出し、支払った合計額から引いた数を最後の一品の税込み額として算出します。

上書き合計していく

8/6

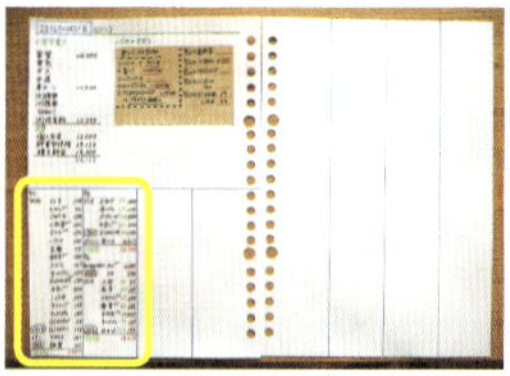

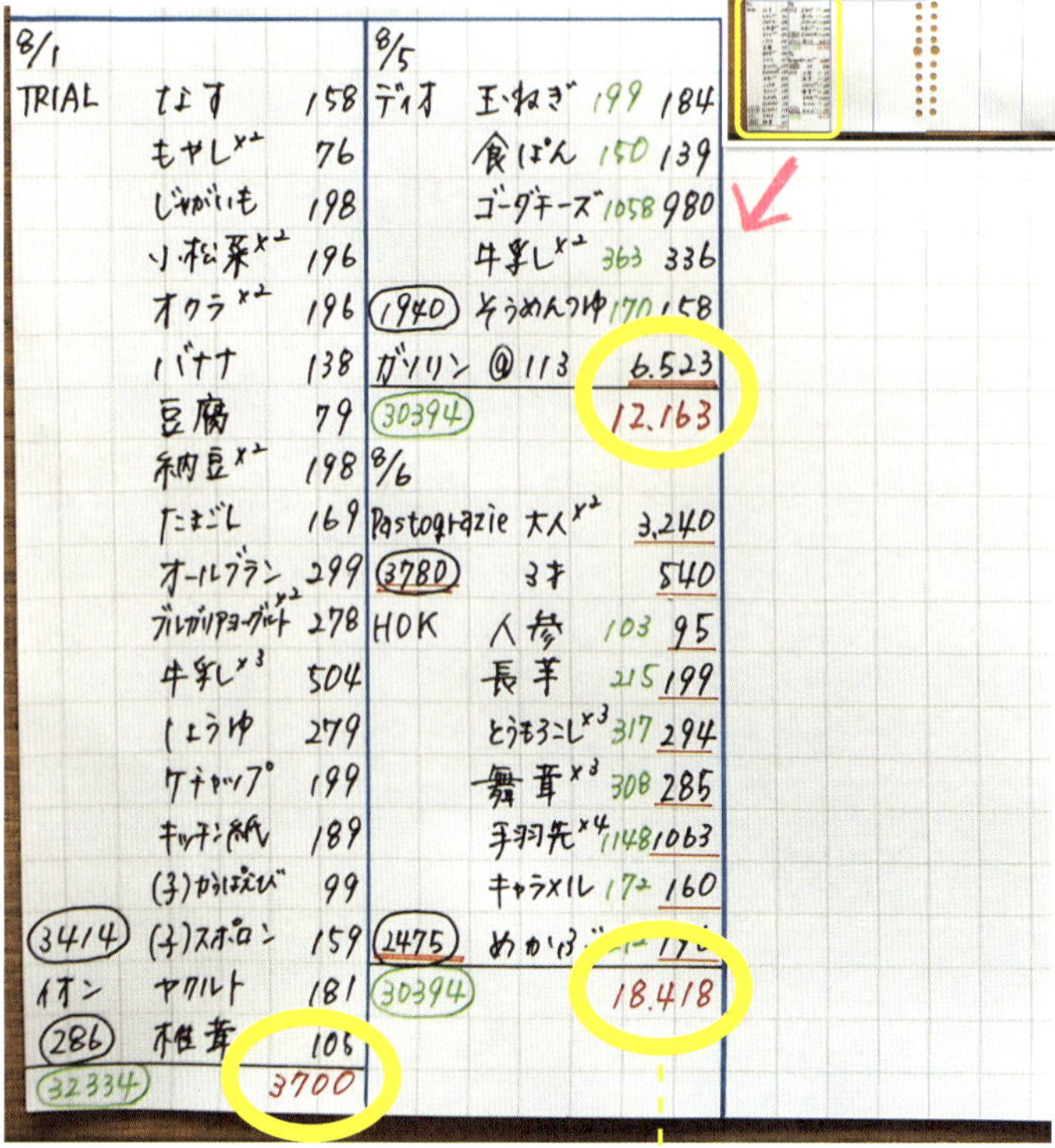

上書きした合計額

日々支出したら、合計金額を足していきます。この写真でいえば、8月1日は3700円使ったので、その日の一番最後に赤字で3700と書いておきます。次に買い物をした8月5日は、8463円使いました。そこで8月5日の一番最後に、8月1日の3700に8463を足した12163を赤字で書きます。これが、上書き合計です。

以前は、ただ一日の合計額を書いていたので、気が付くと赤字になることもしばしば。自分がその月にいくら使ったのかをいつも頭にいれておける上書き合計をすることで、赤字が減りました。

上書き合計をする理由

一般的なお金の管理として、給料や月の予算から日々支出したお金をマイナスする方法がありますよね。この方法で算出できる金額は、給料や予算の残金です。算出された値を見ると、脳は無意識に「まだこんなにお金が残っている！」と考えてしまいます。その結果、残金が底をつく寸前までどんどんお金を使い続け、気が付いたときにはすでに家計は赤字……なんてことになりがち。

こうした赤字家計から簡単に抜け出す方法が、上書き合計なのです。なぜなら、上書き合計はこれから使える残高ではなく、使ってしまったお金がいくらかを自分にわからせる方法だから。

上書き合計は、日々の支出を家計簿に書くのとセットで必ず計算し、目につきやすいよう赤のボールペンを使います。蓄積する支出額を常に意識することになり、危機感をもってお金をコントロールすることができるようになります。

DUN's Rule 1

実践編4

お財布の残金を書く

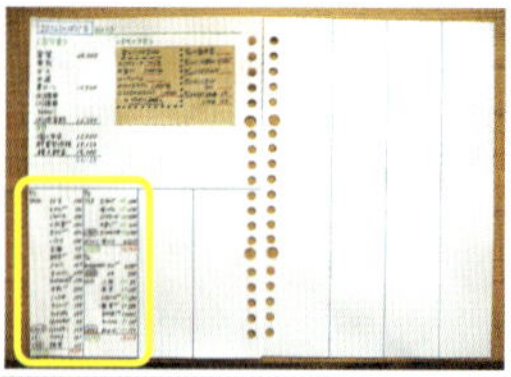

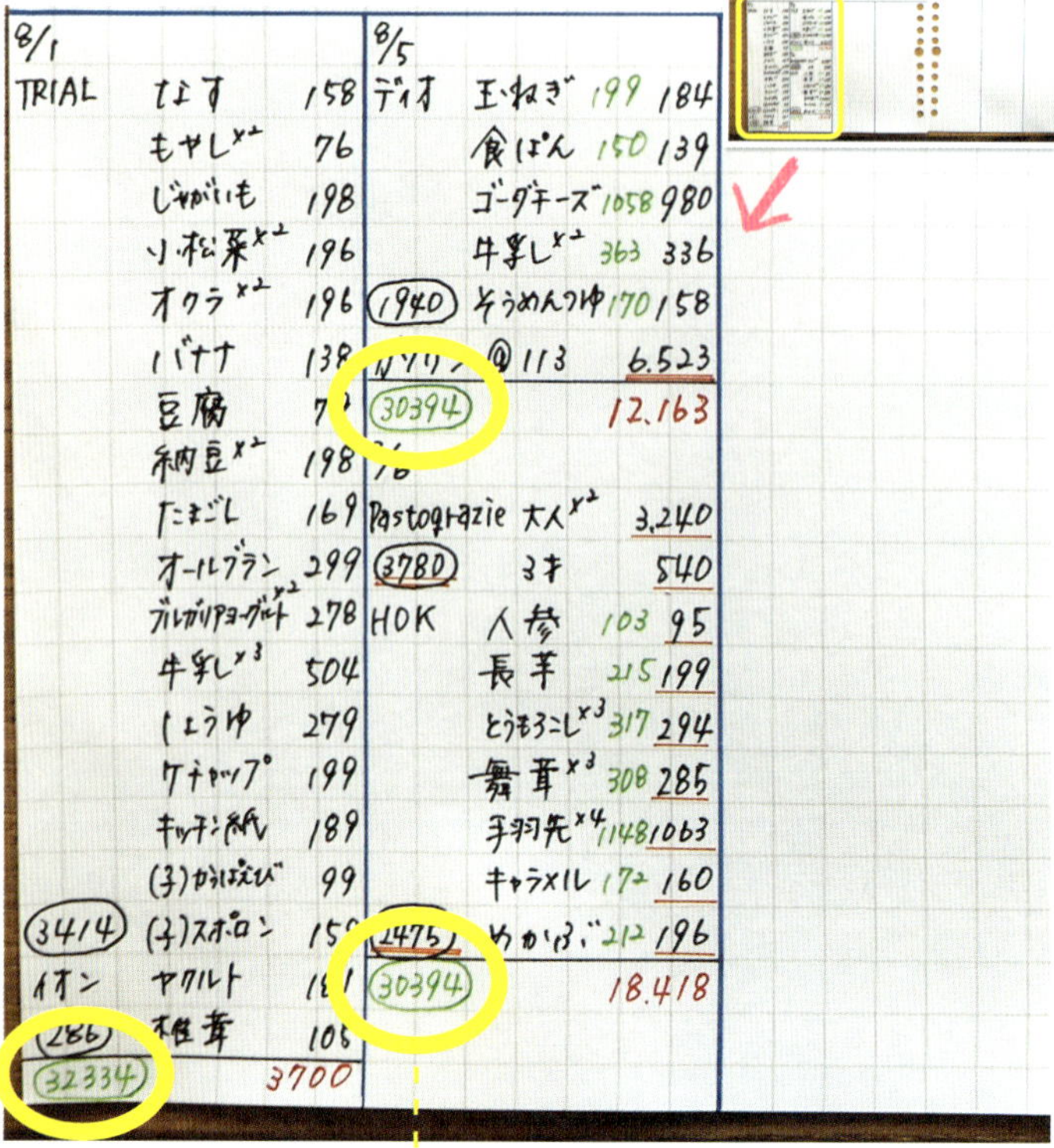

8/1
TRIAL なす 158
もやし×2 76
じゃがいも 198
小松菜×2 196
オクラ×2 196
バナナ
豆腐
納豆×2 198
たまご 169
オールブラン 299
ブルガリアヨーグルト×2 278
牛乳×3 504
しょうゆ 279
ケチャップ 199
キッチン紙 189
(子)かっぱえび 99
3414 (子)スポロン
イオン ヤクルト
286 椎茸
32334 3700
8/5
ディオ 玉ねぎ 199 184
食ぱん 150 139
ゴーダチーズ 1058 980
牛乳×2 363 336
1940 そうめんつゆ 170 158
@113 6,523
30394 12,163
Pastograzie 大人×2 3,240
3780 540
HOK 人参 103 95
長芋 215 199
とうもろこし×3 317 294
舞茸×3 308 285
手羽先×4 1148 1063
キャラメル 172 160
2475 めかぶ 212 196
30394 18,418

緑色で書かれている価格はお財布の残金

レシートは全ての買い物で発行されるわけではありません。財布の残金を把握しておけば、レシートが発行されなかった支出も把握できます。

たとえば8月5日は合計8463円の支出がありましたが、ガソリンはクレジット払いなので現金払いの1940円分を前日の残金から引きます。

8月6日は買い物をしているのに、財布の残金が30394円で8月5日と変わっていません。これは、5日のガソリンと同様に全てクレジットカードで支払いをしているから。支出の下のオレンジ色の下線が目印です。

お財布の残金を書く理由

すべての買い物でレシートが発行されるとは限りません。たとえば自動販売機で飲み物を買ったとき。お金は支払いますが、証拠がないので、家計簿をつけるときにうっかり忘れてしまうことも。

うっかり忘れが1か月ぶんたまったら、実際の支出額と家計簿の支出額が数千円ずれてしまうかもしれません。この、何に使ったのかわからないお金を私は「使途不明金」と呼んでいます。

お財布の残金を書くことは、この使途不明金を防ぐことに繋がるのです。家計簿をつけるたび、前回のお財布の残高から今回の支出の合計額を引いたお金が、今のお財布の残高と合致しているか確認します。もしずれていれば、証拠はないけれど支出したお金があるということ。後は、一日の記憶を辿って何に使ったのか思い出せばOKです。

使ってから日数が経過してしまうと、使途不明金に気が付いても何に使ったか記憶を呼び戻すことができなくなってしまいます。やはり、日々の出費を家計簿に写す作業は、こまめに行いましょう。

DUN's Rule 2

COLUMN

づんのお財布

私の愛用しているお財布を紹介します。まず、カード類。私は、できるだけ少ない枚数しか入れないよう心がけています。具体的には、クレジットカード、よく行くお店のポイントカード、免許証、自治体が発行している子連れが対象のサービスカードなどです。

そのほかに、皆さんはあまり持ち歩かないものも、お財布に入れています。それは、通帳。私は毎月の給料に左右されず、月の予算を立ててやりくりをしているので、放っておくと通帳の記帳などを忘れがち。お財布に入れておくと常に目に入るので、こまめに通帳の残高を確認することができます。また、印鑑、結婚指輪、母子手帳、その他の通帳もお気に入りのポーチに入れて持ち歩きます。外出先でいざ必要なときに〝家に忘れた〟ということがないように、ひとまとめにしています。

レシートはお財布に入れっぱなしにはしません。レシートがお財布にたまると、かさばってストレスになりませんか？　そこで、私は受け取ったレシートはその都度クリップボードに移して管理しています。

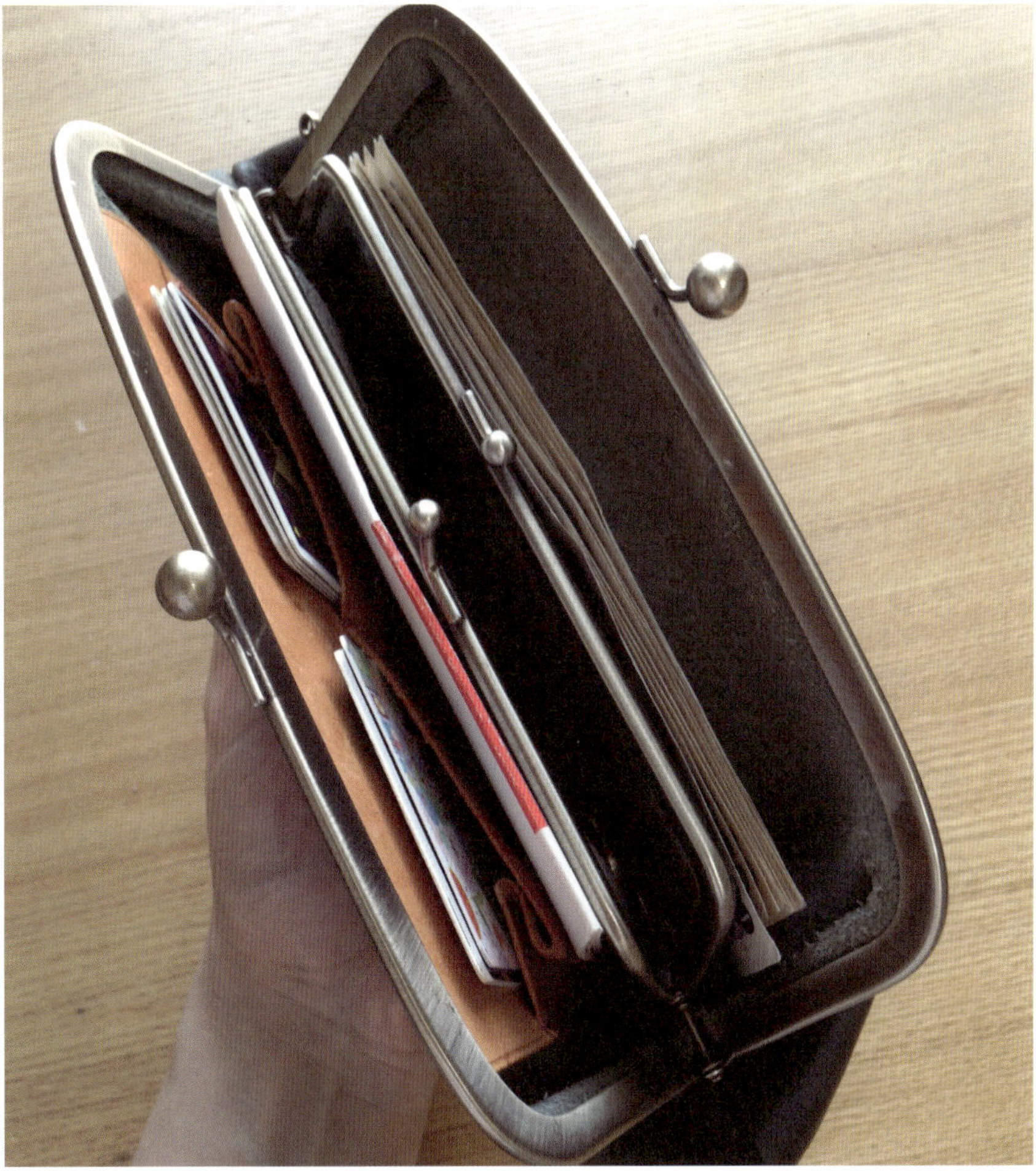

私が実際に使っているお財布です。がま口が二重になっている珍しい形がお気に入り。真ん中のがま口には小銭、片側にはお札を、もう片側にはカード類と通帳を入れています。お財布はお金の出口です。レシートなど無駄なものは入れず、使いたいものだけをすっきり整頓しておくと、お金の流れもクリーンになる気がしています。

実践編5

クレジット払いはどうする？

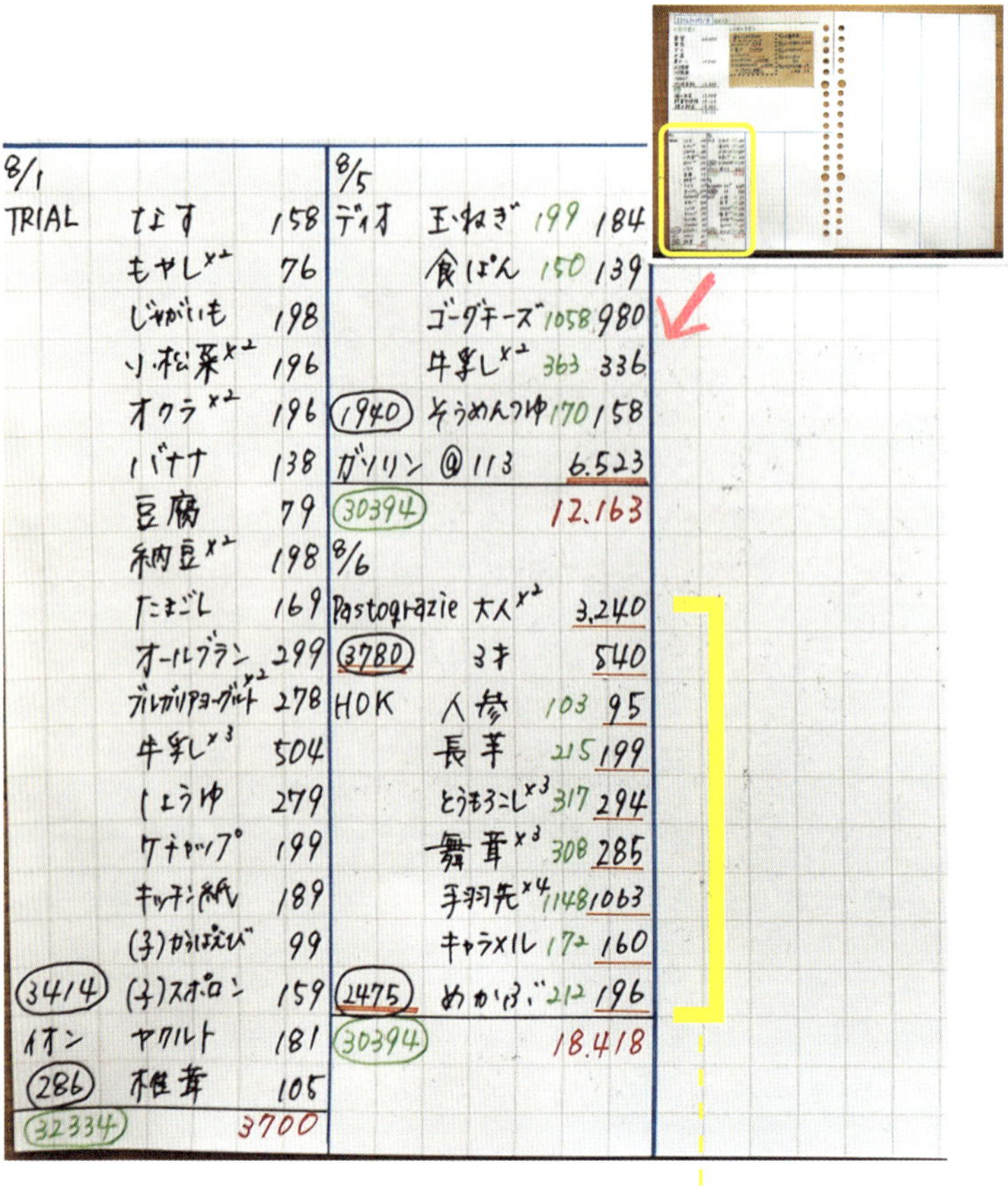
8/1
TRIAL なす 158
もやし×2 76
じゃがいも 198
小松菜×2 196
オクラ×2 196
バナナ 138
豆腐 79
納豆×2 198
たまご 169
オールブラン 299
ブルガリアヨーグルト×2 278
牛乳×3 504
しょうゆ 279
ケチャップ 199
キッチン紙 189
(子)かっぱえびせん 99
3414 (子)スポロン 159
イオン ヤクルト 181
286 椎茸 105
32334 3700
8/5
ディオ 玉ねぎ 199 184
食ぱん 150 139
ゴーダチーズ 1058 980
牛乳×2 363 336
1940 そうめんつゆ 170 158
ガソリン @113 6.523
30394 12.163
8/6
Pastagrazie 大人×2 3.240
3780 子 540
HOK 人参 103 95
長芋 215 199
とうもろこし×3 317 294
舞茸×3 308 285
手羽先×4 1148 1063
キャラメル 172 160
2475 めかぶ 212 196
30394 18.418

クレジット払いはオレンジで下ラインして記入

インターネットショッピングや公共料金の支払いに使うとポイントがたまるうえに便利なクレジットカードですが、使った日と引き落としの日が一致しません。だからといって今月使ったぶんは来月引き落としで……など考えるのは混乱の元。引き落とし日は気にせず、今月の買い物は、今月の収入からやりくりする、と考えましょう。つまり、現金払いの買い物と同じように、買ったその日に家計簿に書き込みます。〝クレジット払い〟であることがすぐ目につくように私は、オレンジ色のペンでラインをしています。自分が把握しやすい色で色分けしておきましょう。

クレジットも気持ちは現金払いと一緒

私がクレジットカードを使う理由は、ポイントがたまるから。同じ支払いをするなら、クレジットカードを使い、ポイントをためてお得に生活しよう、という考え方です。

でも中には「今月は家計が厳しいから、クレジットカードを使おう。引き落とし月にはまた給料が入るから」という人もいるのではないでしょうか。その考え、私はかなり危険だと思います。未来にお金が入ってくることを前提にしてカードを使うと、本当はないはずのゆとりを感じ、どんぶり勘定になります。

確かに、クレジットカード払いは実際手元のお金が減るわけではないので、いくら使っているのか実感が薄いでしょう。だからこそ、家計簿を書くときに、クレジットカード払いを現金払いと同様に扱うのです。クレジットカードで支払うと、実際の引き落としは翌月、翌々月になりますが、家計簿には買ったその日に書き込むようにします。上書き合計にも計上し、もちろん支出額は使った月の収入から引き、月末に引き落とし口座に移します。

実践編6

ネットの買い物はどうする？

8/8

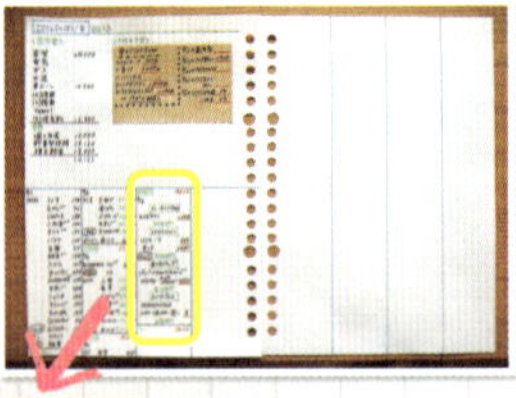

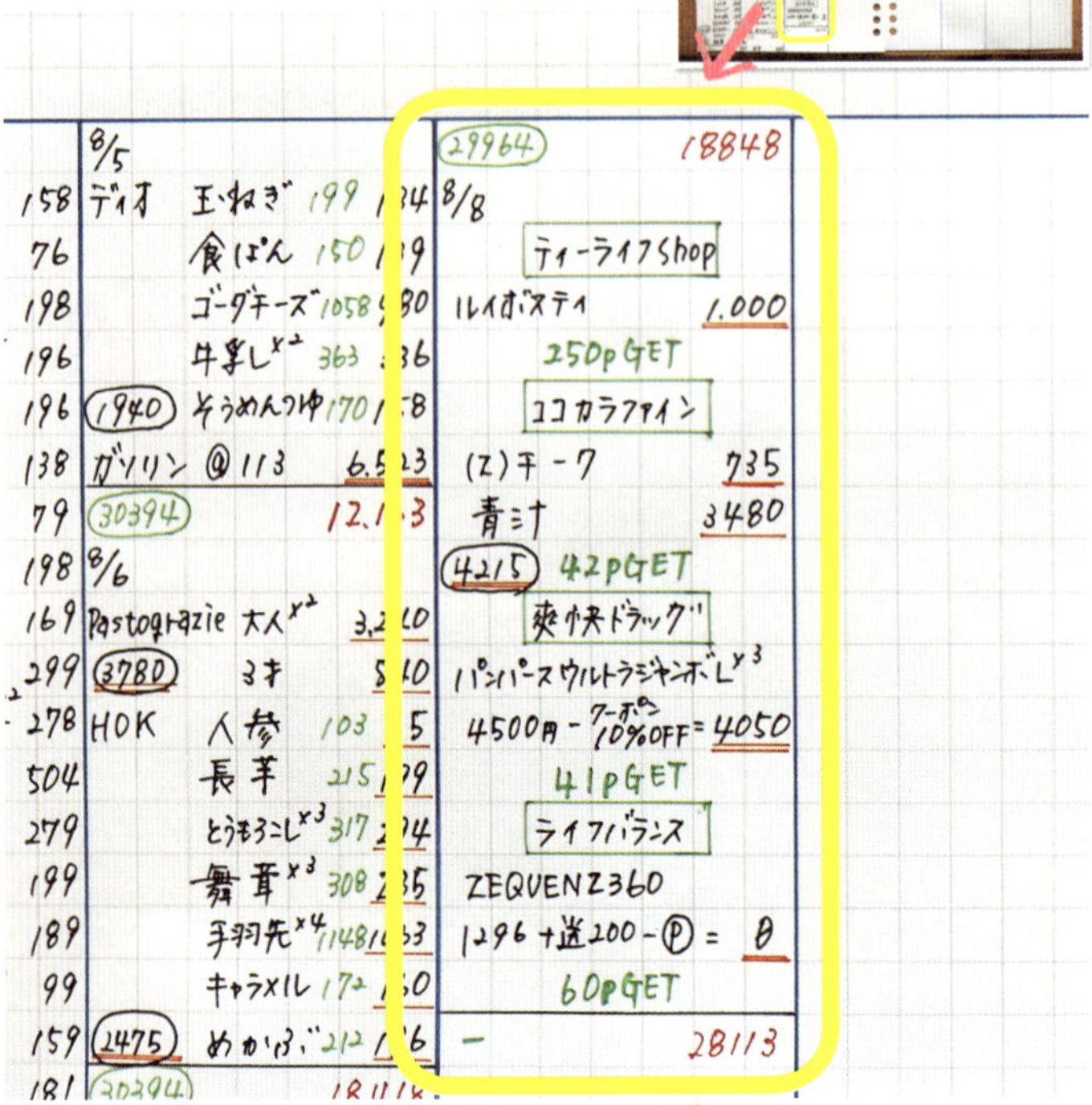

ネットでの買い物も店名、品名、支払額を書いて上書き合計

インターネットショッピングは、クレジットカードで支払うことも多いので、扱いに悩む人もいるかもしれません。インターネットショッピングも、実店舗での買い物と何も違いはありません。

「注文した日＝買った日」として把握するようにします。

書き方も実店舗と同じです。店名、品名、支払額を書き出し、上書き合計にも計上しましょう。レシートがないので、注文したら家計簿に記入することを忘れずに。ポイントのたまるカードを使っている人は、その買い物でたまったポイントも書いておくと便利です。

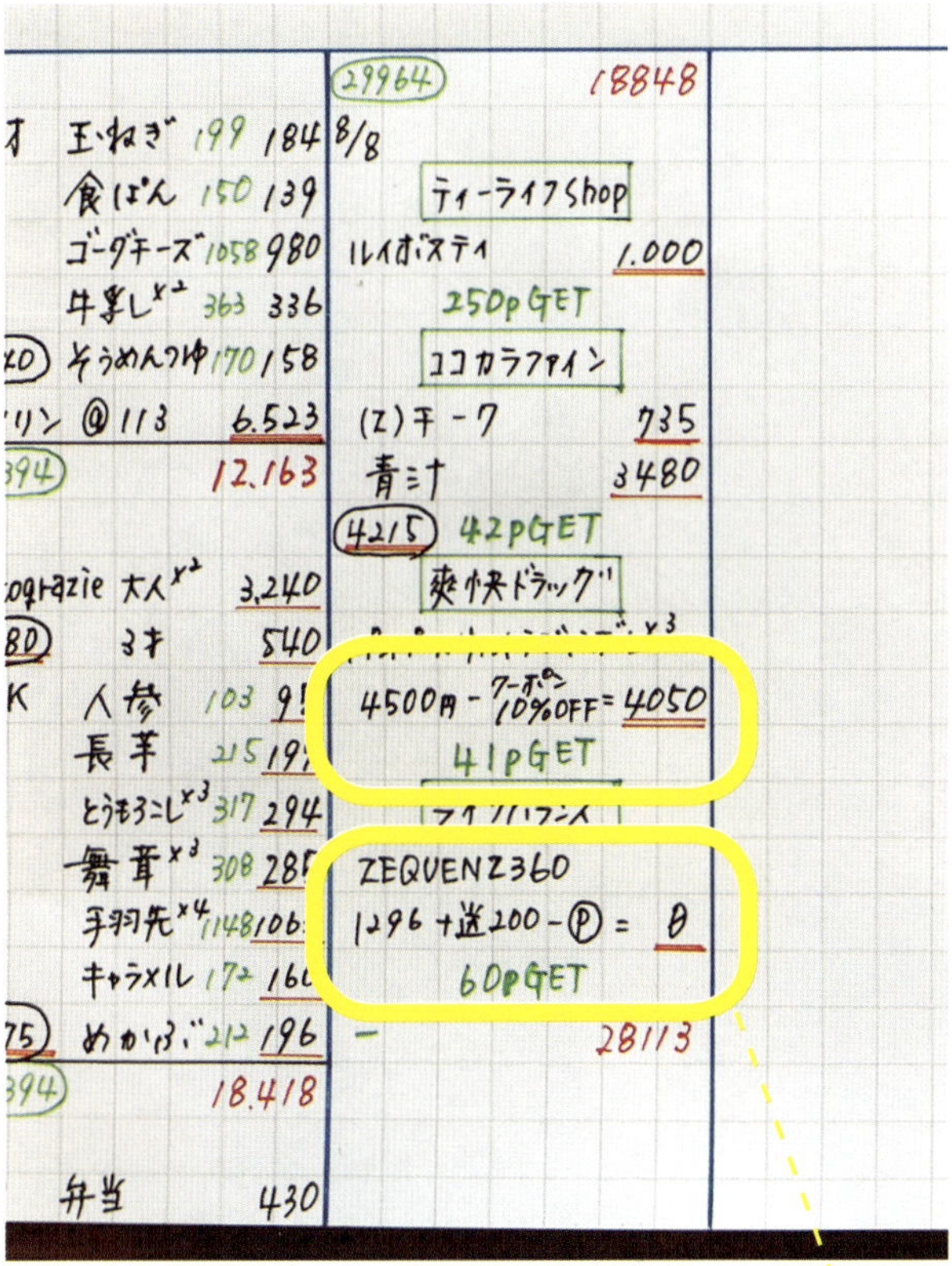

ゲットしたポイントも細かく記録

値引きポイントはどうする？

↓

実際に支払った金額を書く

ネットショッピングやクレジット払いでたまったポイント。また、お店が発行しているクーポンを利用して買い物するときは、ポイント分が値引きされている価格を支出額とします。後から見たときに「どうしてこんなに安いの？ 今この値段で買ったら損？」とびっくりしてしまわないよう、簡単な計算式を書いておくことも忘れずに。

ポイントのため方

大手インターネットショッピングサイトでは、ポイントが何倍かになるお得な期間があります。私はこの期間に必要なものをリストアップして買うようにしているので、お得にポイントがゲットできています。

私が利用しているクレジットカードは、このショッピングサイトが発行しているもの。普段の生活のクレジット払いでつくポイントのほかに、ネットショップ内の買い物もクレジット払いにしているのでそれぞれポイントがつき、お得にたまるようになっています。

私は、クレジットカードを使って１年くらい経ったときにポイントの重要性を感じ、それからはお得な日を狙って買い物をするようになりました。何気なく、年度終わりにポイントでいくらお得に買い物をできたか集計してみましたが、びっくりするような金額になりました。

ただ、ポイントがたまることに惹かれて必要のないものを買うのは本末転倒です。あくまで必要なものだけを買うようにしましょう。

実践編7

夫に立替えてもらった分はどうする？

8/3

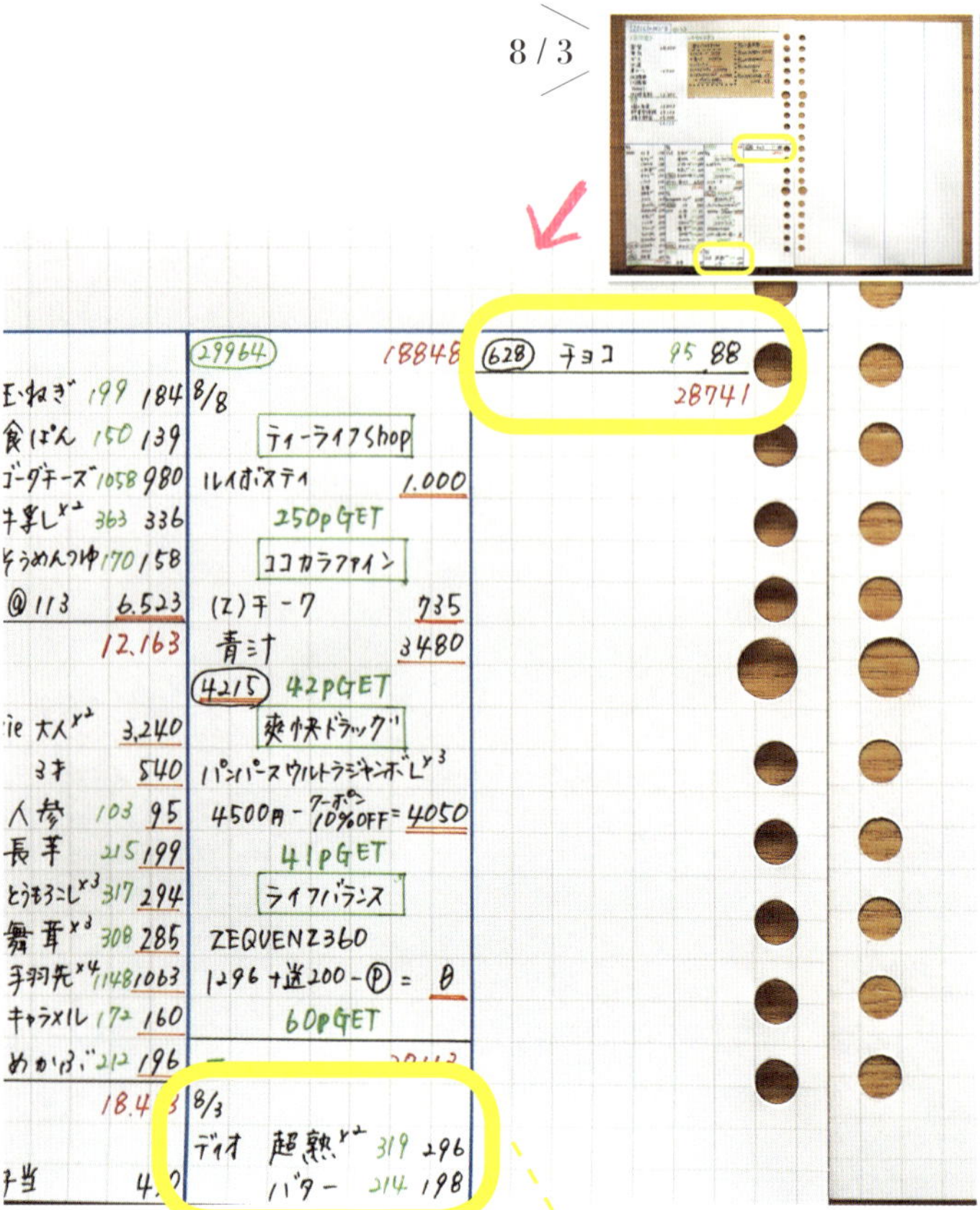

時系列は特に気にせず、続けて書いていく

自分以外の家族が買い物をすることもあると思います。我が家は全員お小遣い制ではないので、誰が使ったお金でも生活費として計上します。だから基本的にはレシートをもらって、いつもの買い物と同じように書くだけ。

ただ、夫に買い物に行ってもらったけどレシートをもらい忘れていた！と数日後に気付くこともよくあります。その場合は、今書いてある支出に続けて、レシートの日付で記録します。上書き合計もそのときにすればOK。「づんの家計簿」はルールの少ない自由な家計簿。時系列のずれなんて気にしなくて大丈夫です。

この家計簿のよさ

買い物の量は関係なく、
ただ買ったものを書いていくだけ！

買ったものが多くても
枠が狭いなどのストレスがないので、
好きなだけ書き出せます♪

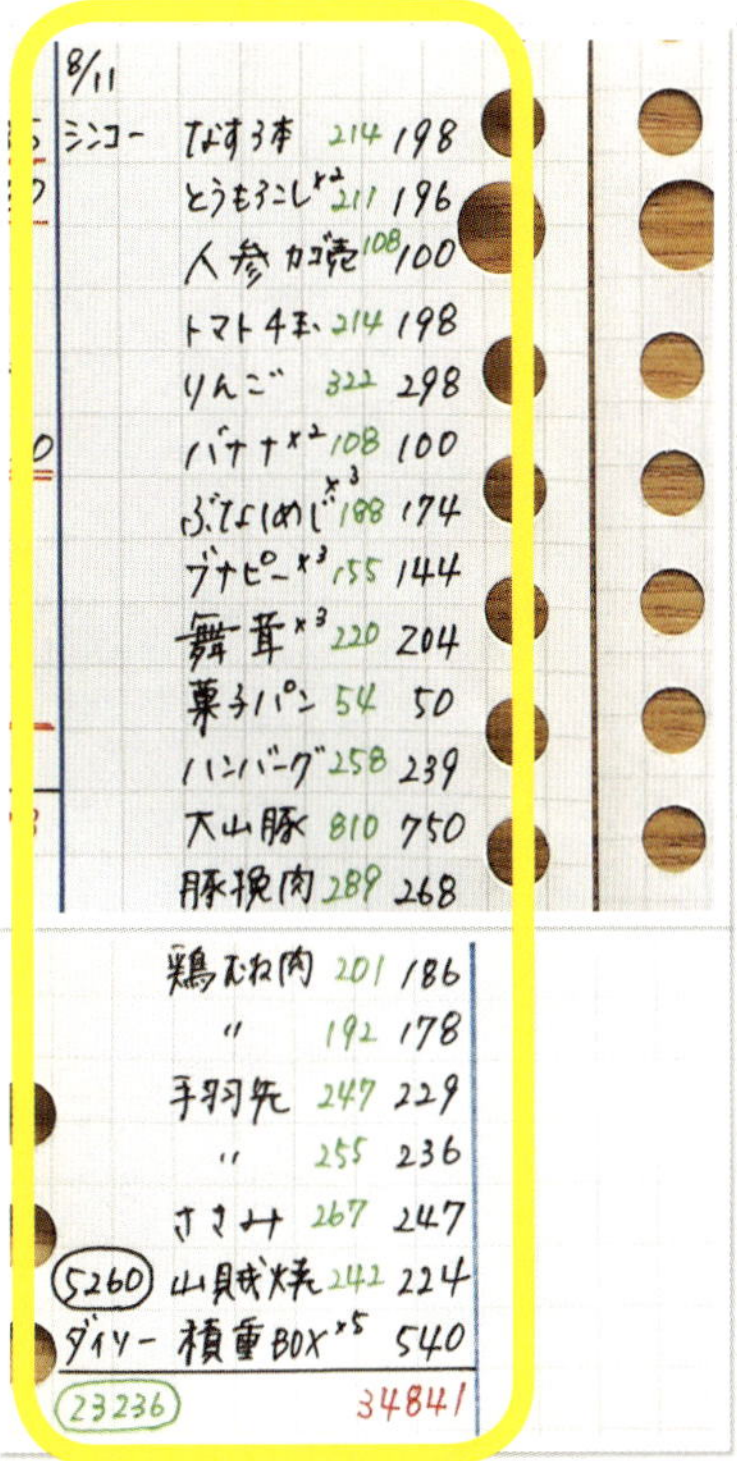

市販の家計簿では、１日の支出を書くスペースがあらかじめ設定されていることが多いようです。だから、買い物が多かった日は書ききれないし、逆におやつをひとつ買っただけの日はスペースががら空き。窮屈だなぁ、無駄だなぁ。そんな小さなストレスも、家計簿をつけるのは大変！ という意識の元になってしまいます。

「づんの家計簿」は、決まりのない家計簿。もちろん、１日の支出を書くスペースが区切られていることはありません。買い物をしない日は何も書かなくてもよいのです。いやなスペース問題とはおさらばできますよ。

8/9のように一行で
済む日もあれば…

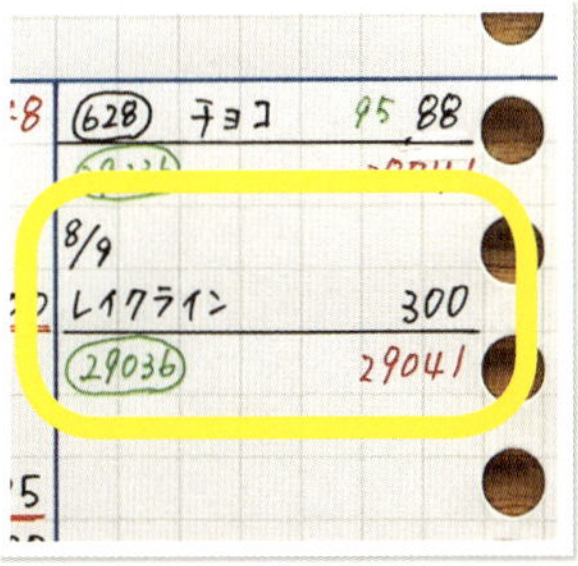

実践編8

給料日がきたら収入欄に記入

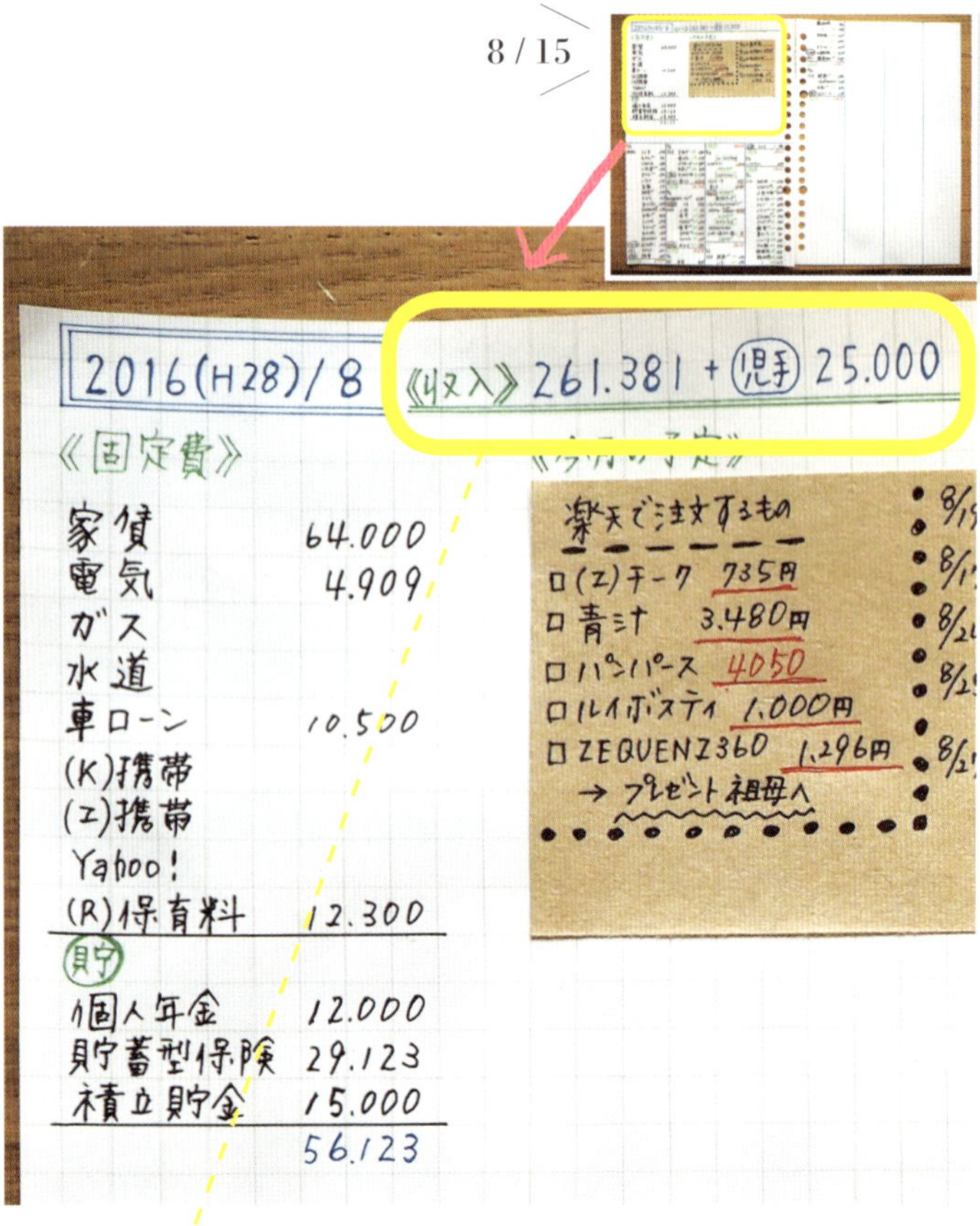

手取り額を収入欄に記入する

給料＝その月のやりくり費と考えてしまうと、たとえば15日が給料日の家庭は、その日までどれだけのお金を使っていいかわかりません。だからといって、家計簿自体を15日はじまりの月またぎ形式にするのも私にとって混乱の元。

そこで、づんの家計簿は「月」単位で予算を考えています。低めの予算内でやりくりすれば、確実に給料内に収まり黒字になるしくみです。

だから給料は、給料日がきたら収入欄に書くだけでOK。実際に使えるお金を把握したいので、額面でなく手取りの金額を記入しましょう。

実践編9

電気検針日がきたら固定費に記入

8 / 15

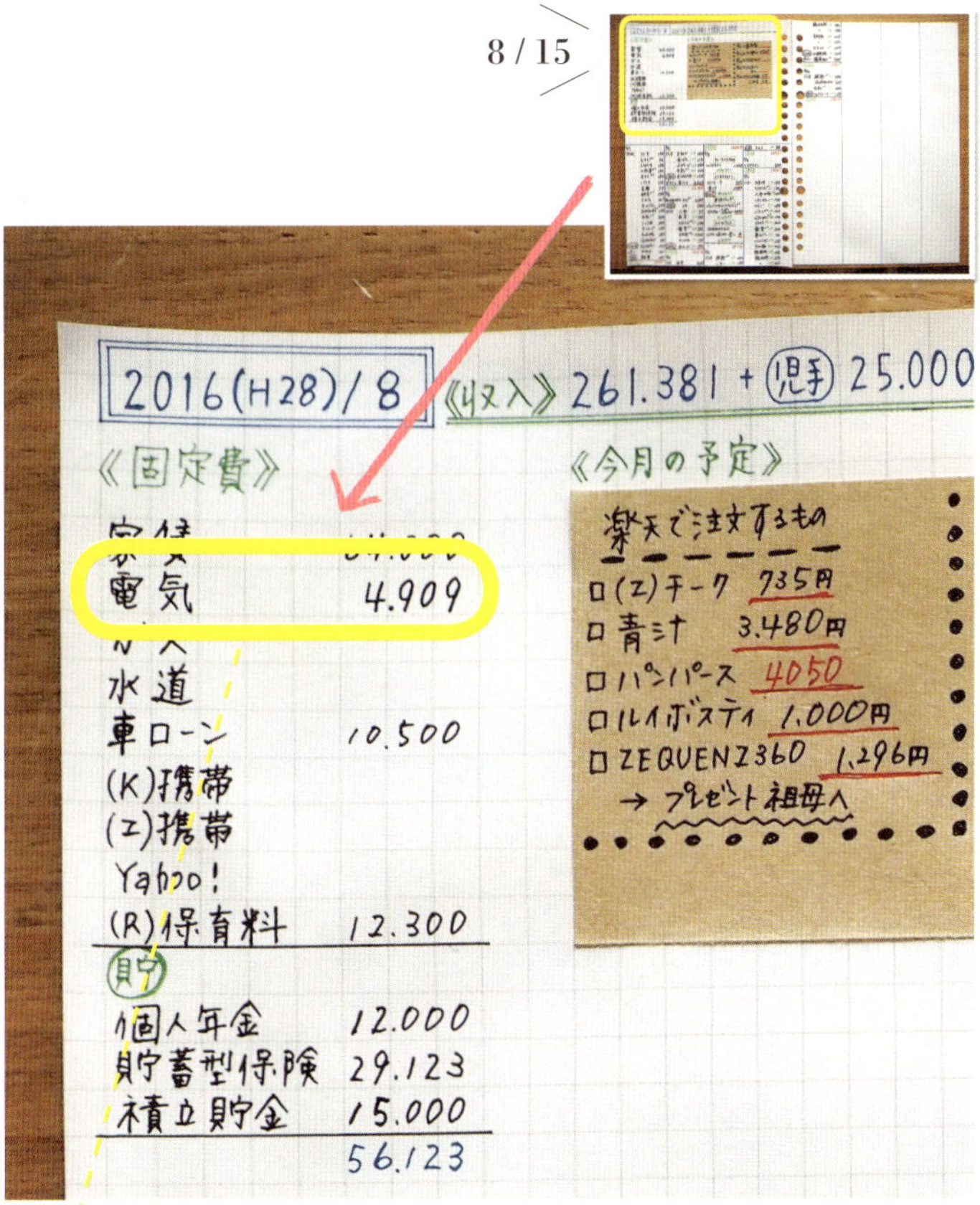

検針日がきたら、その都度固定費に記入

毎月支払いをする〝固定費〟（22ページ参照）。その中の電気代は、使用月と支払い月が異なるので、何月のものを記入したらよいか悩んでいる、という声をよくお聞きします。

悩んだらシンプルに考えましょう。電気代は毎月検針が行われ、その結果が検針票として通知されます。検針表には月の使用料金が書いてあるので、家計簿にはそれをそのまま記入しましょう。記入する日付は検針日の月で、クレジットカードの使い方（30ページ参照）と同様に、支払日のことはまったく考える必要はありません。

実践編10

誰の買い物なのか書く

8 / 17

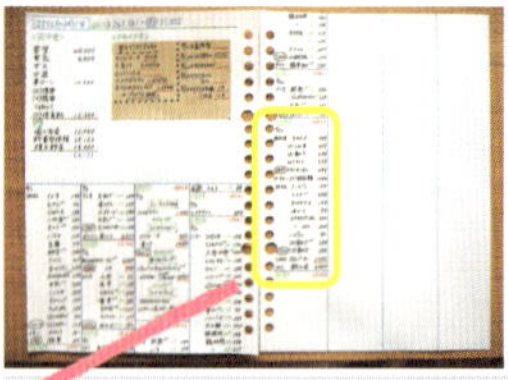

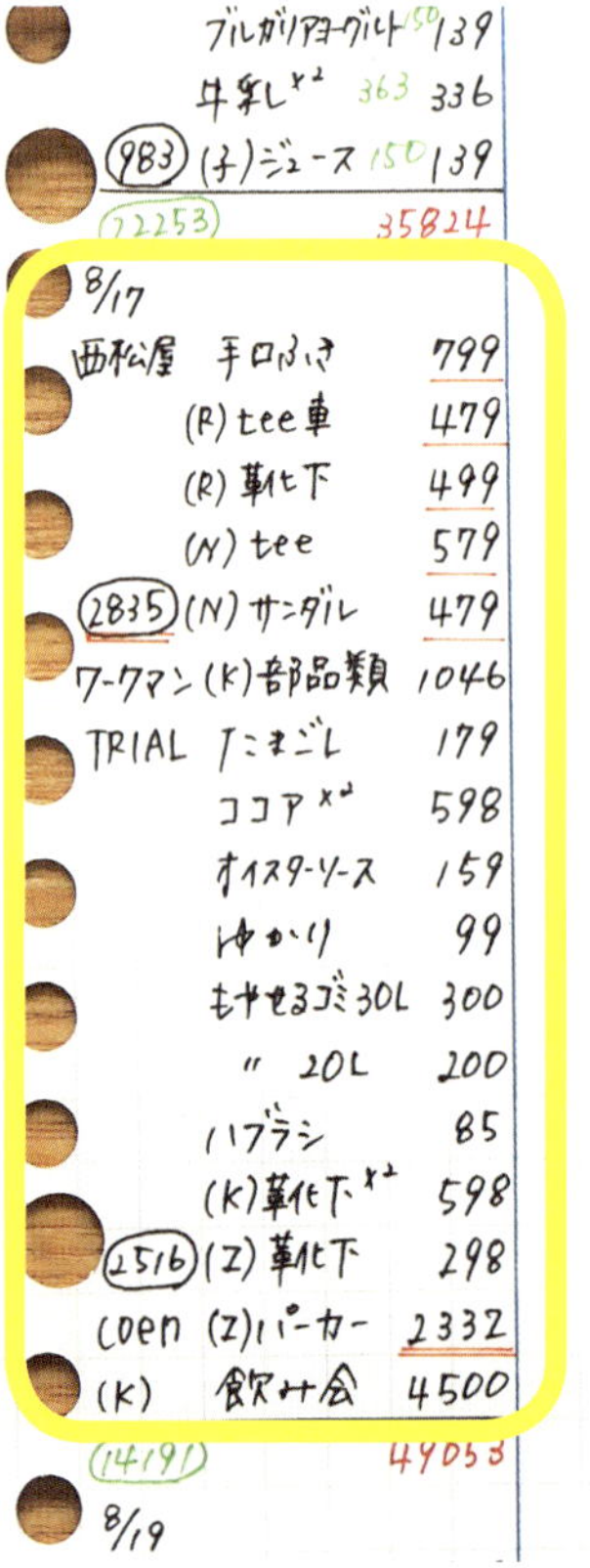

ブルガリアヨーグルト 150 139
牛乳 x2 363 336
983 (チ)ジュース 150 139
22253 35824
8/17
西松屋 手口ふき 799
(R) tee車 479
(R) 靴下 499
(N) tee 579
2835 (N) サンダル 479
ワークマン (K)部品類 1046
TRIAL たまごL 179
ココア x2 598
オイスターソース 159
ゆかり 99
もやせるゴミ30L 300
〃 20L 200
ハブラシ 85
(K)靴下 x2 598
2516 (Z)靴下 298
coen (Z)パーカー 2332
(K) 飲み会 4500
14191 49053
8/19

ZOOM

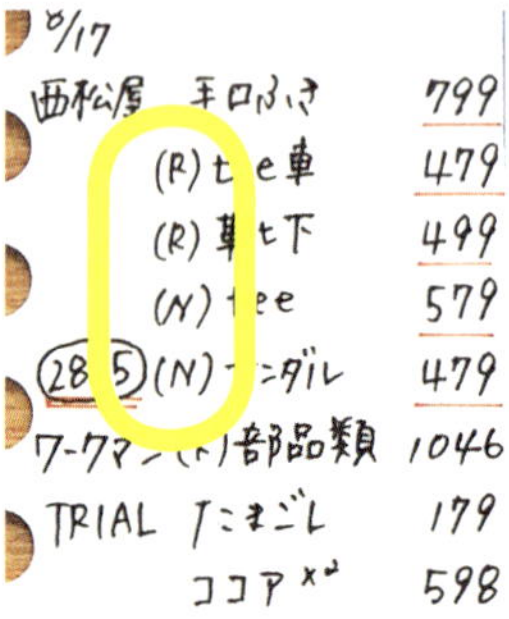

品名の前に
イニシャルを記す

我が家では、月の余裕を考えながら、欲しいものは我慢せずに買うことにしています。ある月は息子が本当に欲しいもの、ある月は夫が本当に欲しいもの、と家族みんなが平等になることを心がけながら、みんなが満足感を得られるようにお金を使っています。

しかし、多くの人は欲しいものを手に入れた後は、買ったことを忘れがち。だから、誰か個人のために支出をしたら、イニシャルのマークをつけることにしました。家計簿を見返したときに印がついていれば、誰にどんな配分でお金を使ったかひと目でわかり便利です。

医療費も生活費内で計上する

8 / 19

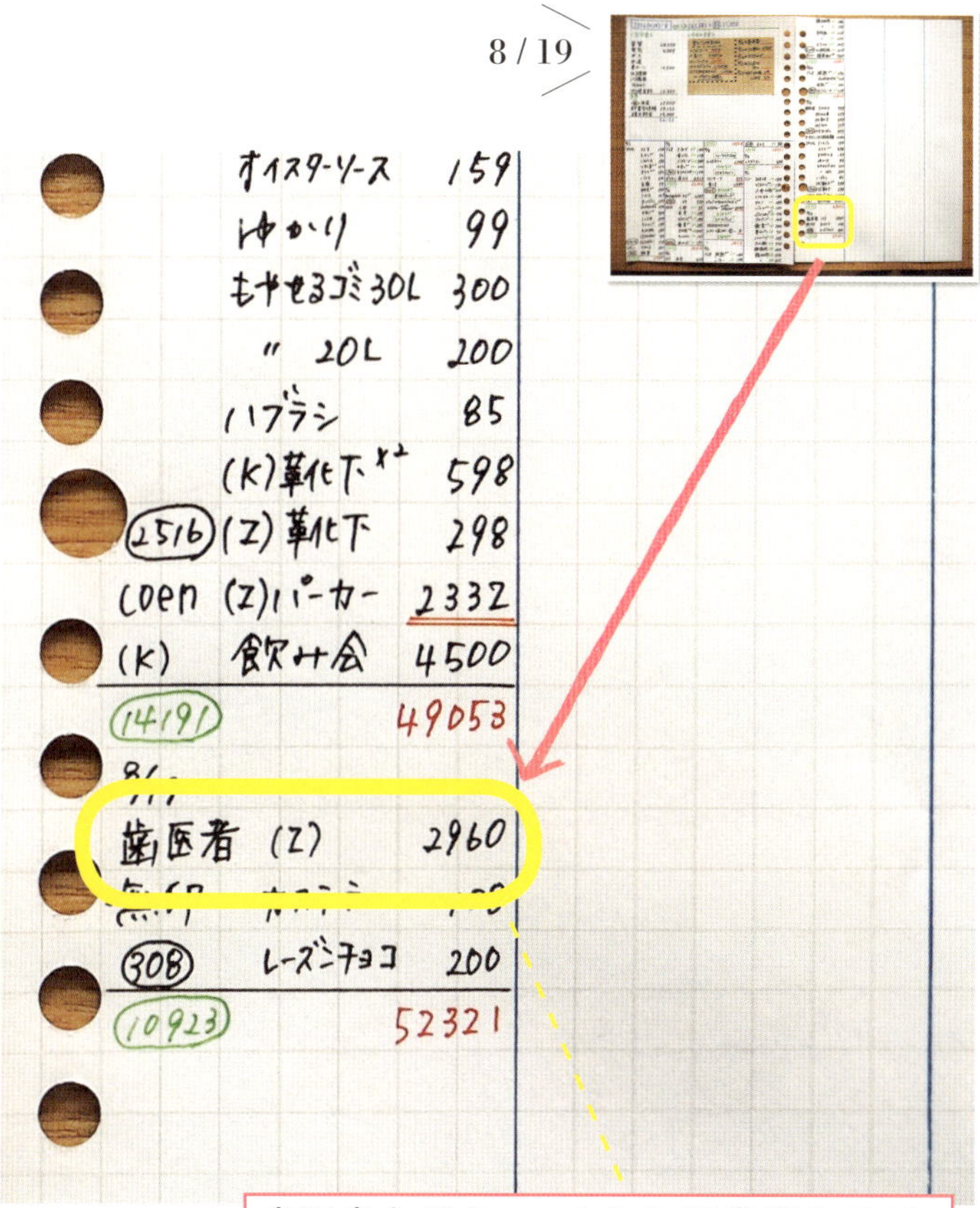

歯医者などちょっとした医療費なので、一緒に生活費として計算する

よく聞かれるのが医療費についてです。私は、ちょっとした風邪程度の医療費は、生活費の中で計上しています。

というのも、なんでも特別費として計上していると特別費の枠がふくらんでしまうためです。そのうえ私の住む地域では、子供たちの医療費は無料なので、我が家では医療費はあまりかからないのです。とはいえ、入院や高額な医療費がかかる場合は、特別費にしてもいいと思っています。家庭の環境によって、また、ときと場合に応じてどの枠から支出するのがよいのか考えてみるとよいでしょう。

図書カードやQUOカードでの支払いは？

8 / 20

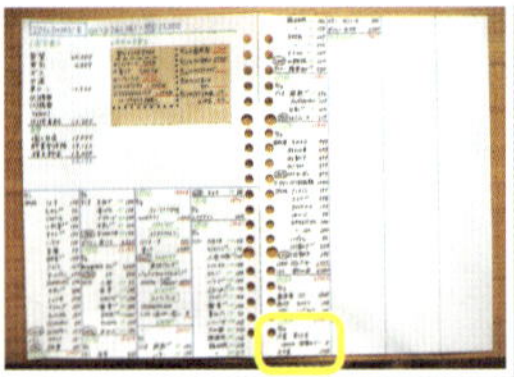

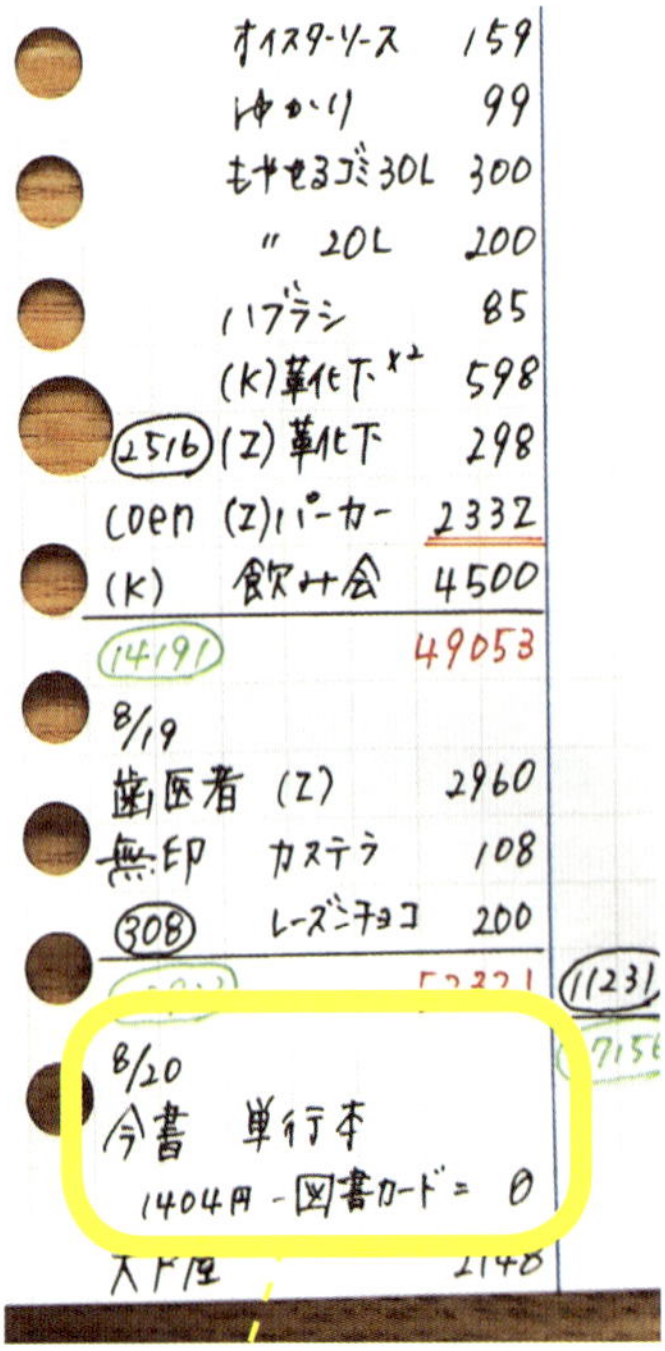

図書カード2000円で
1404円の本を
購入したので、
支払い額は0円

他の支払い例

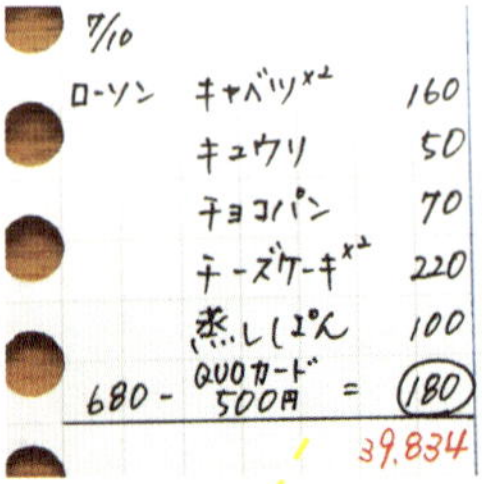

合計額680円を
QUOカード500円を
使ったので、
支払い額は180円

図書カードやQUOカードは、クレジットカードのポイント（37ページ参照）と同様の扱いをします。

つまり、家計簿に書くのは、商品の価格からカードで支払える分を引いた額です。

8月20日の例では、書店で1404円の本を購入しましたが、いただいた図書カード2000円を使ったので、家計のお金からは0円で済みました。また、7月10日の例のように680円の買い物をQUOカードと現金で支払った際は、現金払いした金額180円を上書き合計として計上しています。

実践編13

印象に残ることを書き残す

8/23

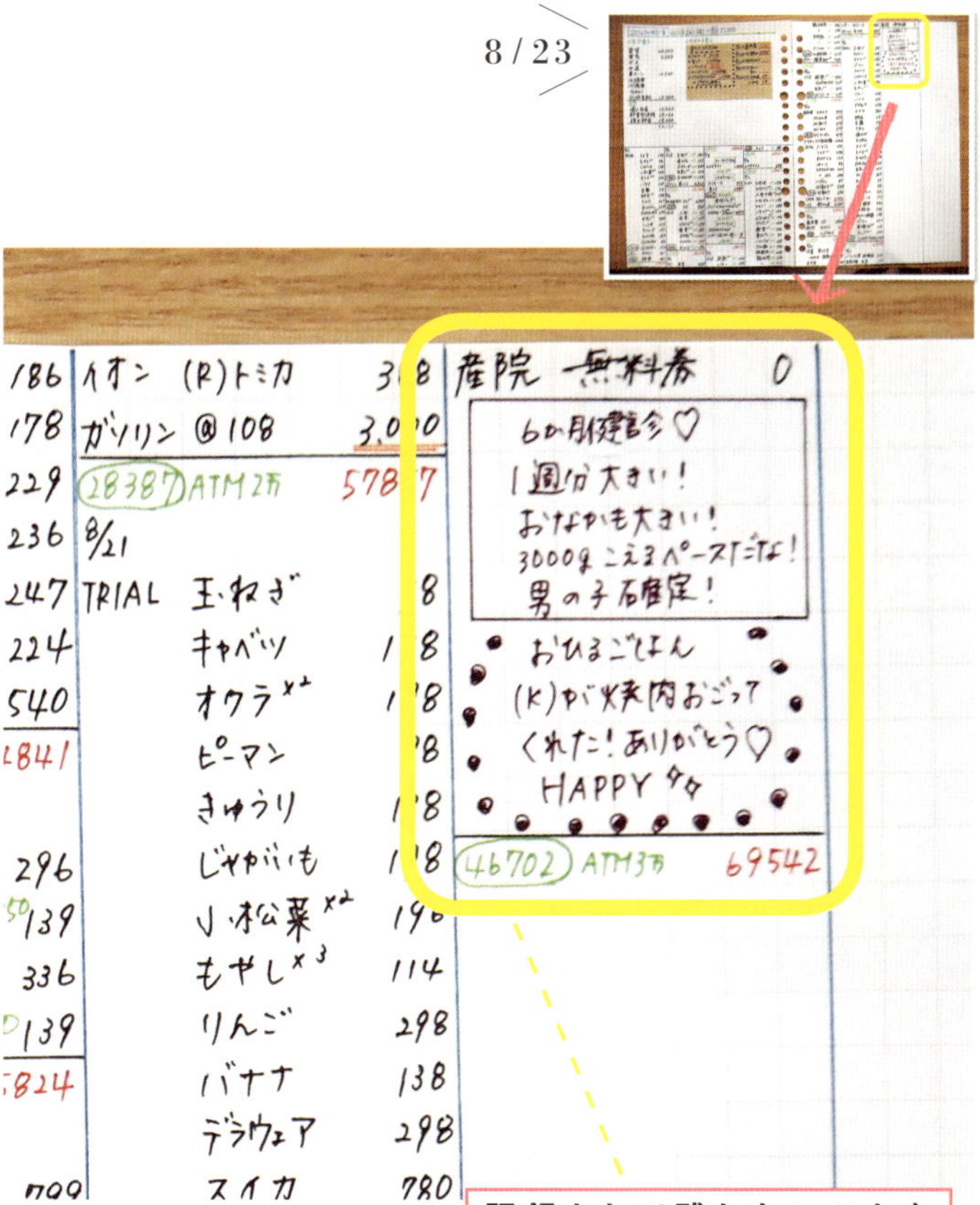

記録として残したいことを
書いて日記代わりに

単体では続かない日記も、家計簿のついでにちょっとしたことを書く程度なら簡単だと思いませんか？ 覚えておきたい嬉しいことがあったら、書き残しましょう。

また、誰かにごちそうになったり、餞別をいただいたときなど、我が家の家計から発生していないお金の動きがあったらメモしておきます。そのときは感謝していても、目に見える形に残しておかないと忘れてしまいがちに。家計簿に書き残せば、見返したときに再び感謝の気持ちを思い出せますし、その方に感謝の気持ちを形にして返すこともできます。

実践編14 ガス検針日がきたらガス代を書く

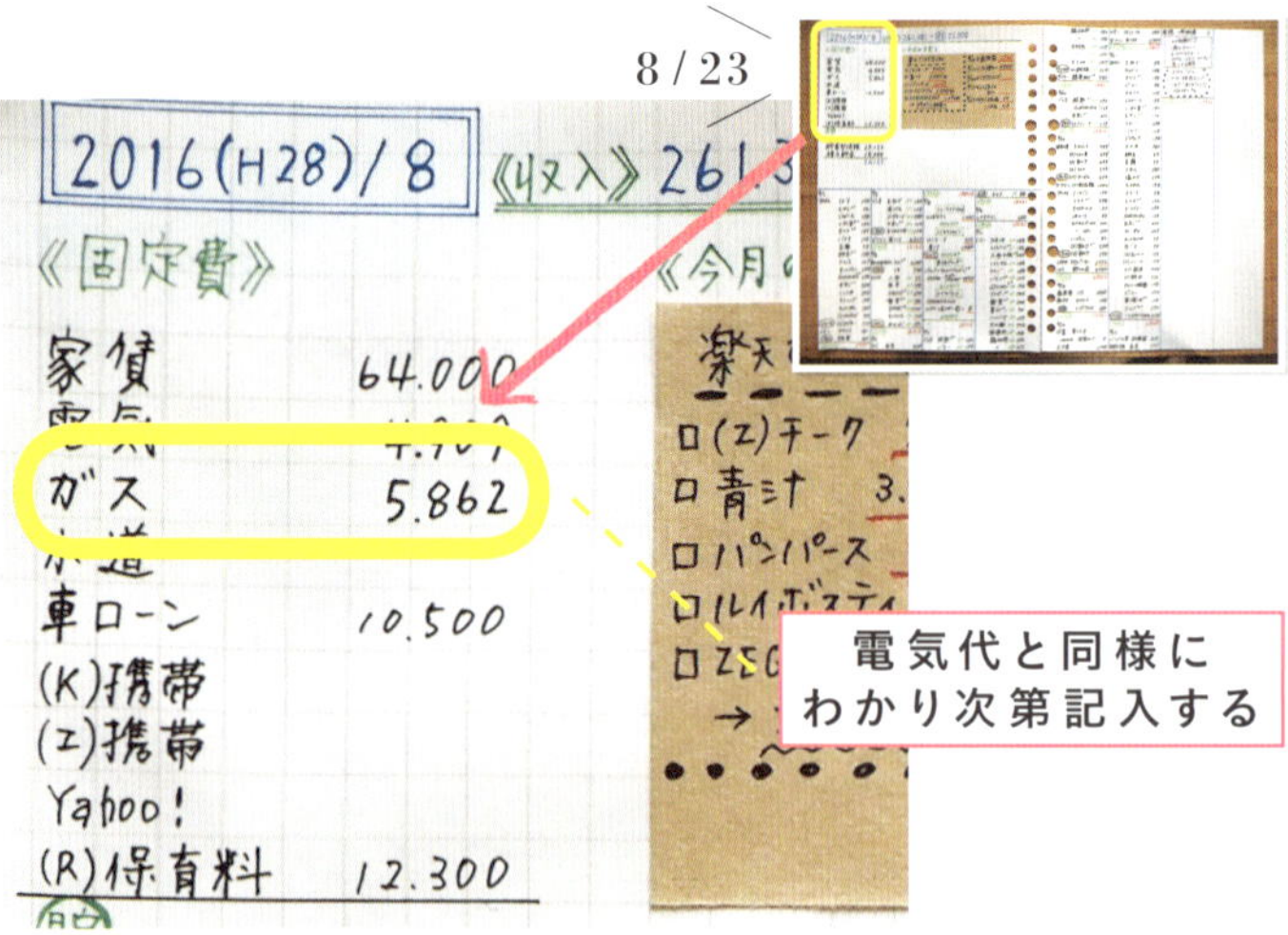

8/23
2016(H28)/8
《収入》
《固定費》
家賃 64.000
ガス 5.862
車ローン 10.500
(K)携帯
(エ)携帯
Yahoo!
(R)保育料 12.300
電気代と同様に
わかり次第記入する

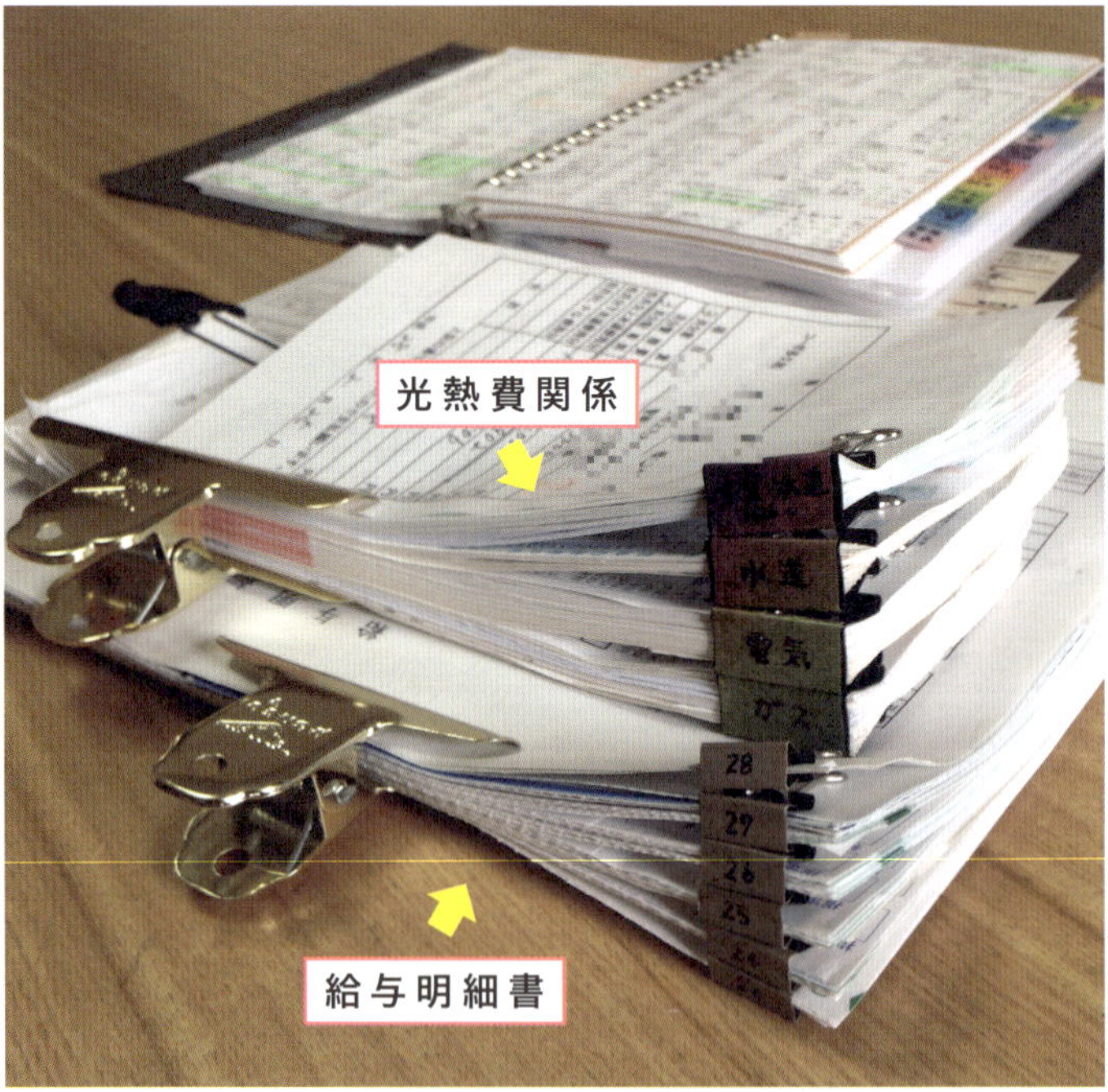

光熱費関係
給与明細書

電気代と同じで、ガスも検針日に検針票が届いたら記入します。その月の使用量は、検針票がきた時点でその月の固定費に書き、その月の支出として扱います。実際に支払いをする日は、関係ありません。

電気代やガス代など1年を通して見返してみると、季節による変動具合がよくわかります。今月は光熱費がかかる月だから、ほかを抑えようといったやりくりができるようになります。

また、私は写真のように光熱費の請求書や給与明細を保管していますが、皆さんなりの処理方法を見つけてください。

実践編15

固定費の支払いをしたらチェックする

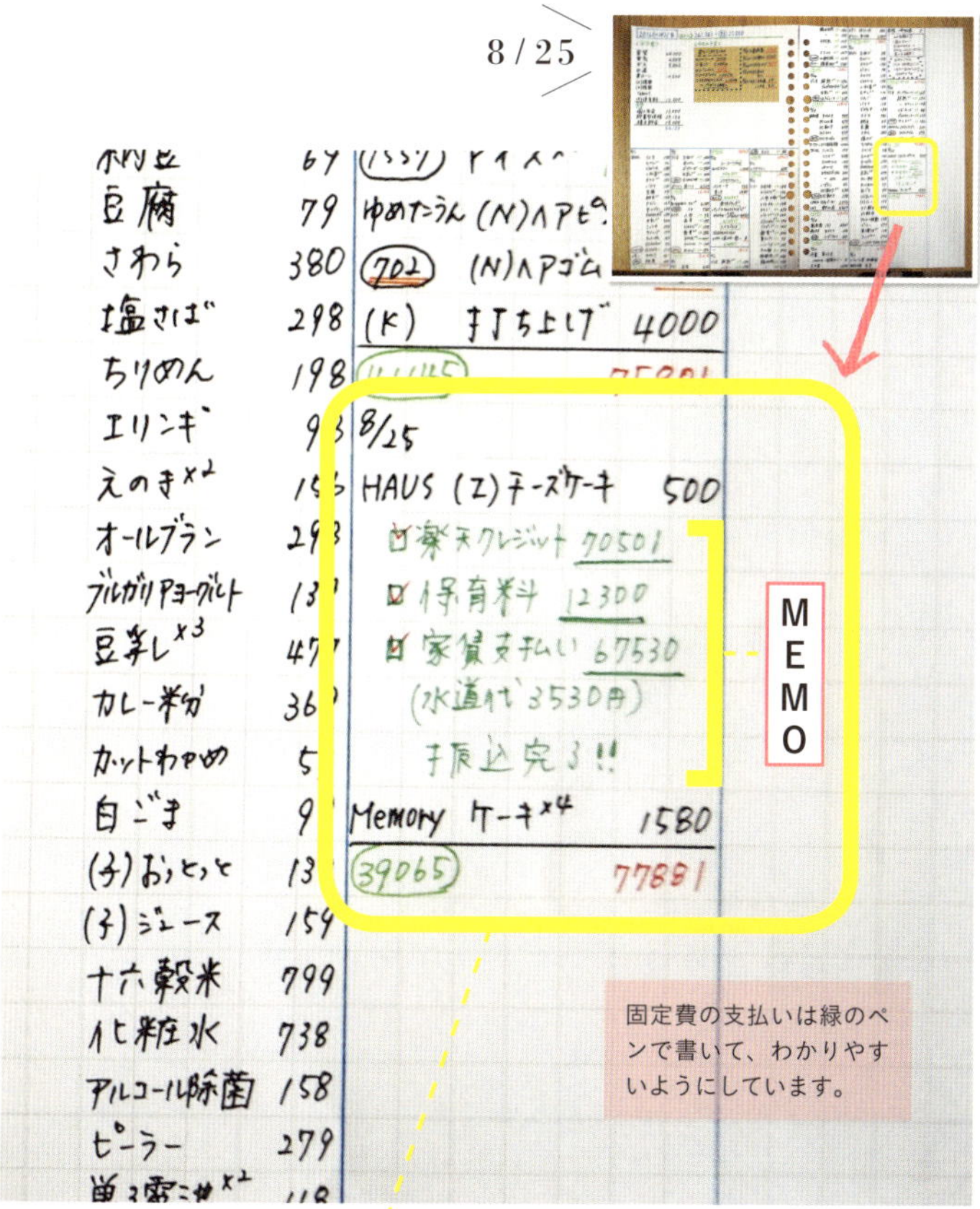

固定費の支払いは緑のペンで書いて、わかりやすいようにしています。

支払い終えたらチェックしておく

固定費は、それぞれ支払いの日にちが異なります。また、引き落とす口座も人によってはバラバラかもしれません。

違う口座にお金を移す作業や、振り込み作業を行ったらすぐに家計簿に書き出して、メモとして残しておきます。可視化することで頭を整理することができますし、払い忘れの心配もなくなります。

月初のページに書き出している固定費の欄と二重に書くことになるので、すべての欄が埋まり次第比較すると、より正確です。緑色など違う色のボールペンで書いておけば目立つので、パッと確認しやすいですね。

COLUMN

固定費は最初は埋まらない！

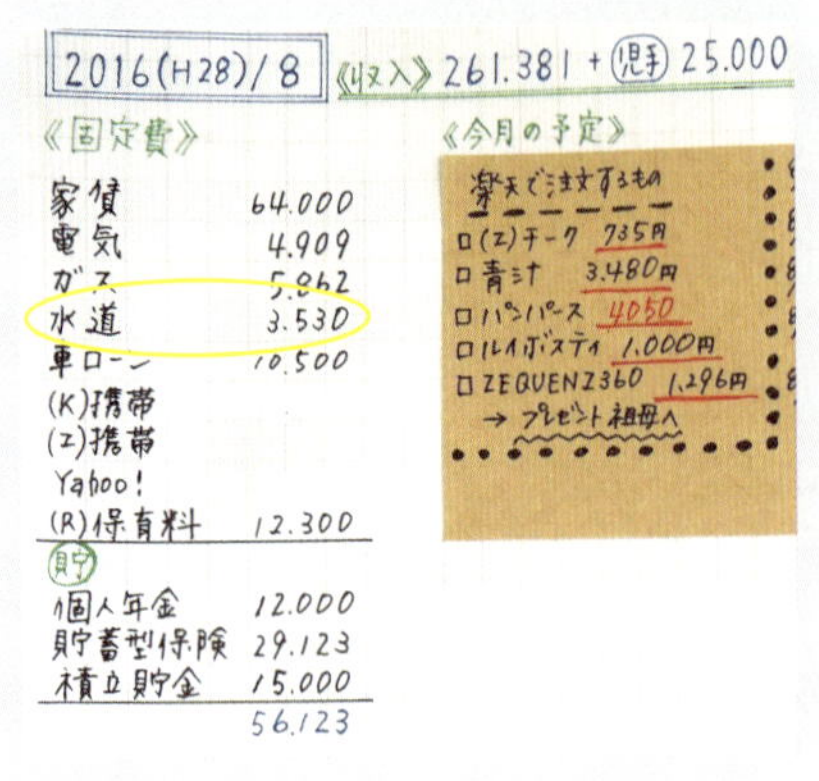

電気、ガスに続き
水道代がわかる

↓

固定費欄に記入

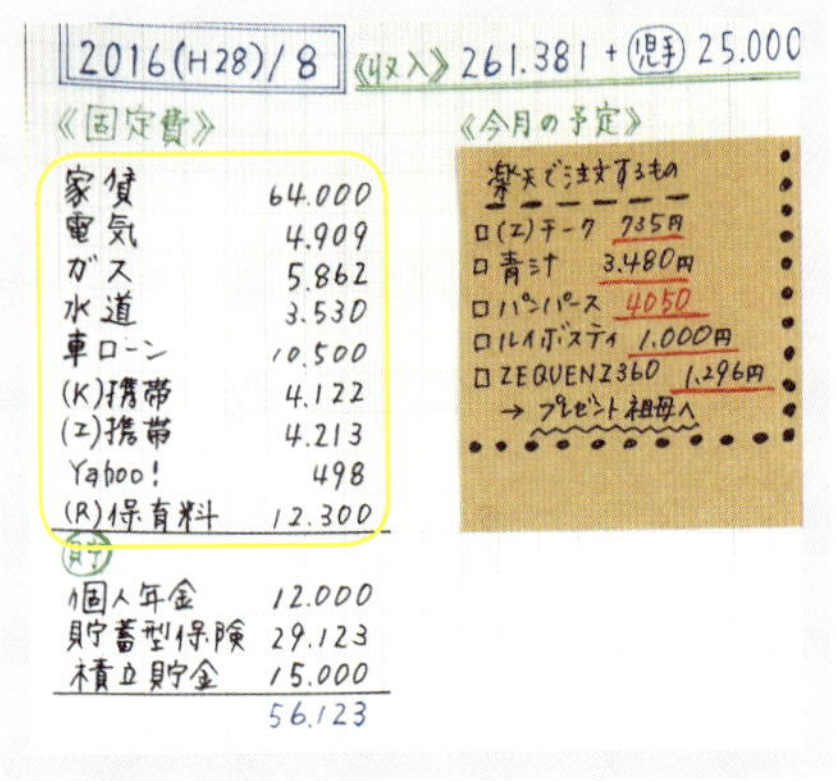

ほかの項目もわかり次第、
埋めていき……

↓

固定費が
全て埋まった！

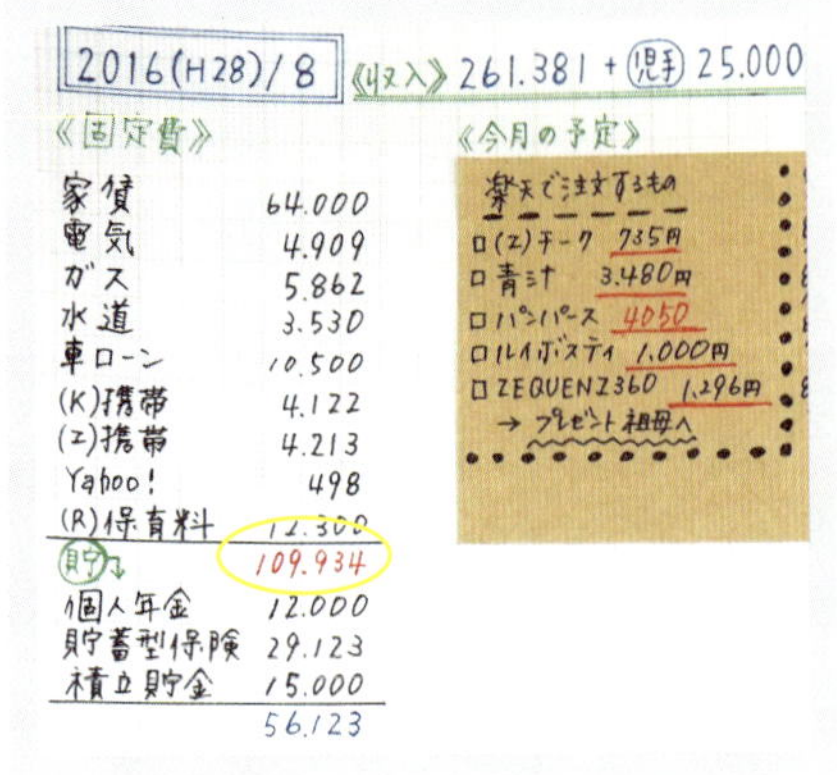

↓

固定費の合計を
出すことができる

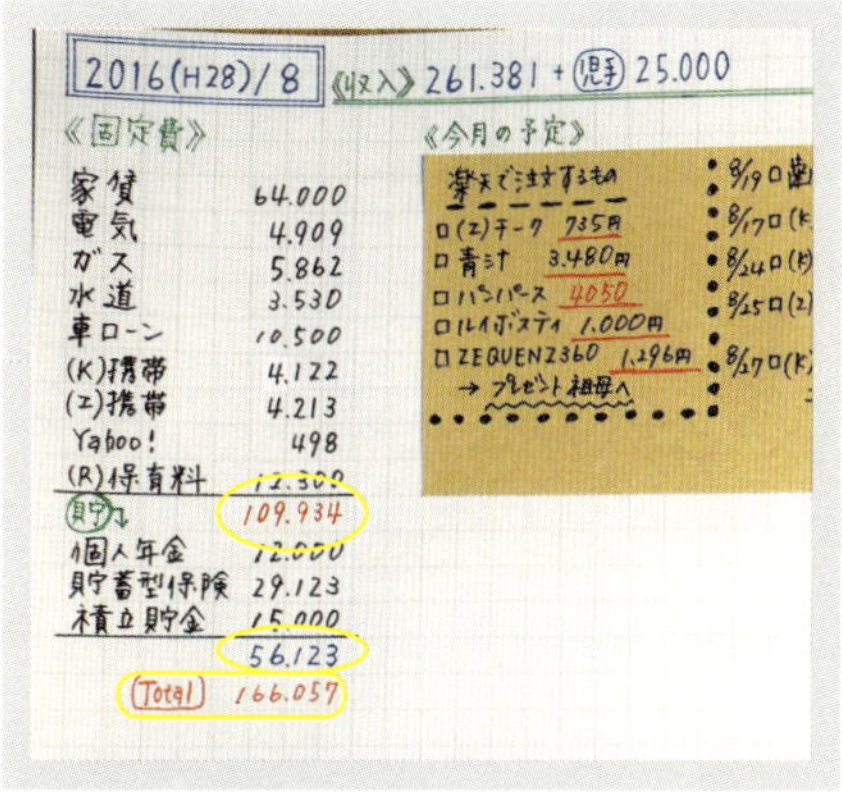

固定費の合計額

109,934円

＋

固定費の貯蓄

56,123円

＝166,057円

これがTotalの固定費に

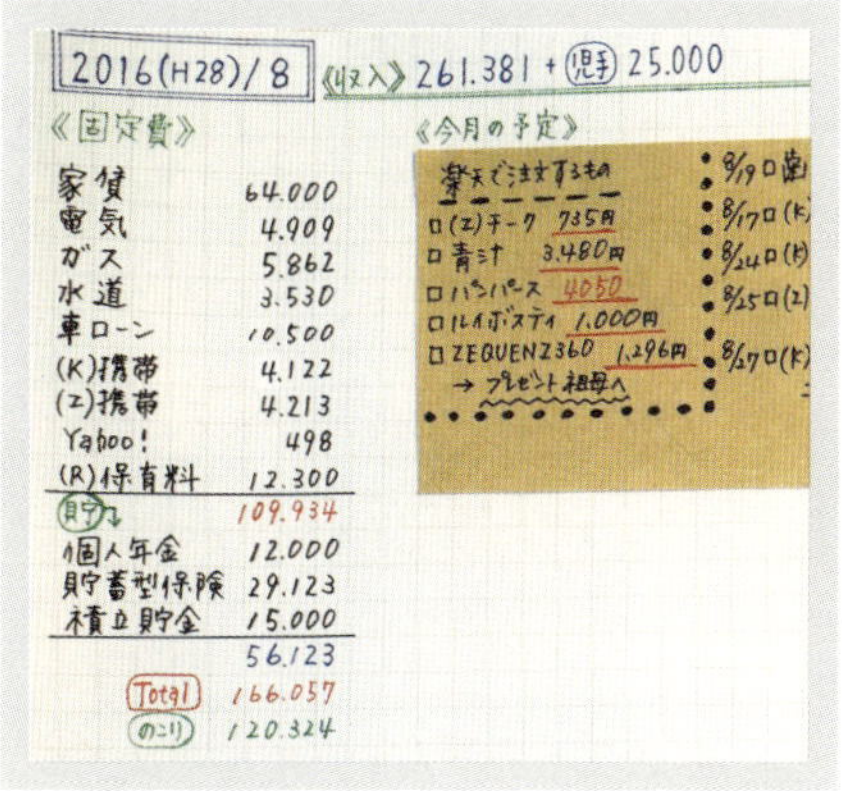

収入からTotalを引いて残金を記入

収入261,381円に児童手当2,5000円を足します。286,381円が、ひと月に使える総額です。ここから、固定費のトータル金額である166,057円を引きます。残金は120,324円になります。これが、生活費として使える予算となります。

どうして固定費は、最初に埋まらないの？

私は、毎月支払うと決まっているお金を「固定費」と呼んでいます。支払う料金が固定されているお金のことではありません。固定費といっても固定費の中には、携帯の使用料金、電気・ガス・水道代など、支払う料金が月ごとに変動するものもあります。だから、全ての検針票や請求書がくるまで固定費は埋まらなくて当然なのです。

実は、家計簿をつけるときに小さなストレスになるのが、未記入欄。書き込んでいない箇所があると「家計の把握ができていないのでは？」ともやもやしてしまいます。最終的にはそれが原因で家計簿を投げ出してしまう、なんてことも珍しくはありません。

この固定費のようにどうしても月初めに埋められない箇所は出てきてしまいます。でもそこには埋めていく楽しみがあります。家計簿は月末に完成させるものと考えれば、自然といっぺんに全てを完成させせようと思わなくなります。それが長続きさせる秘訣です。

実践編16

特別費は別会計

8/26・27

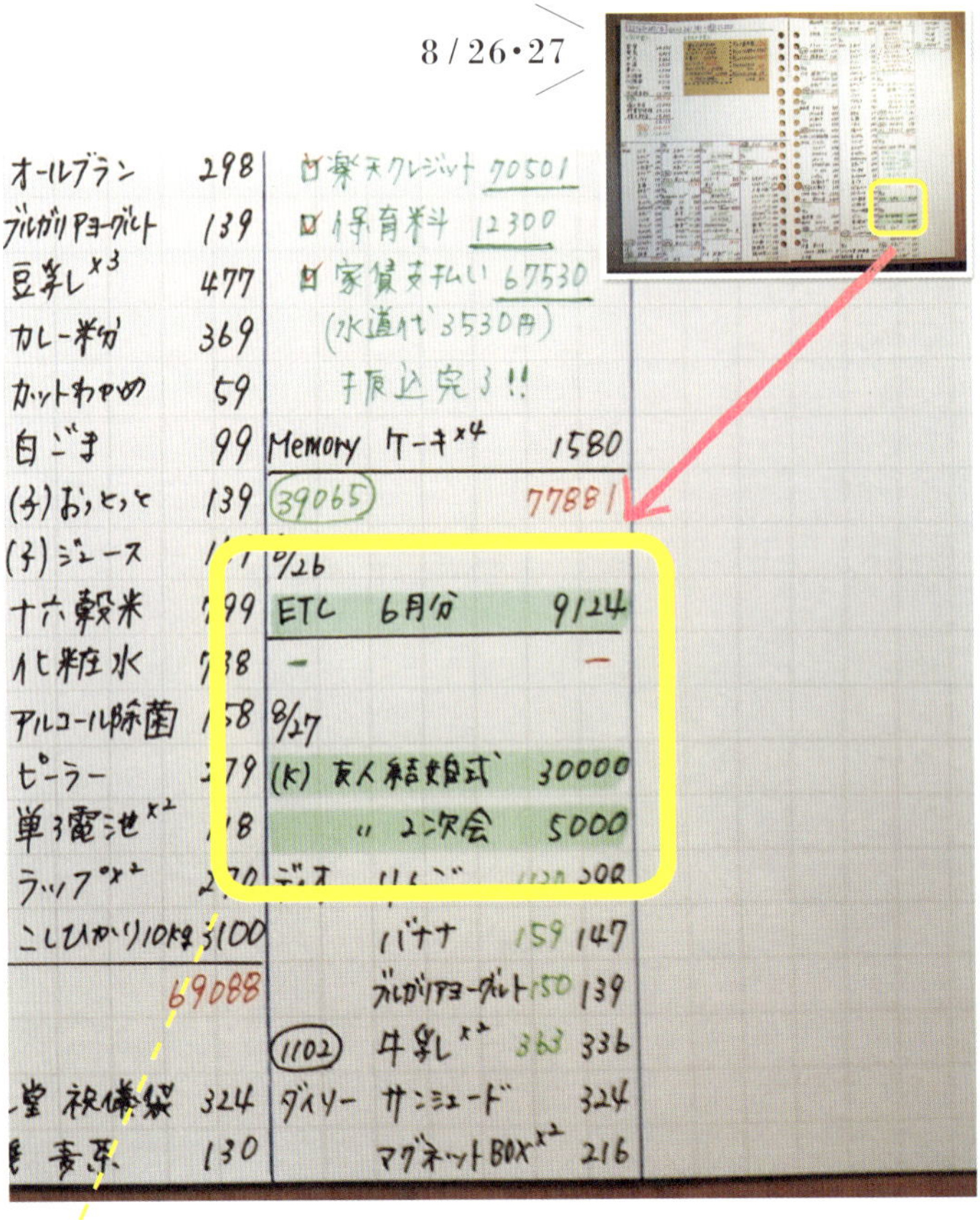

オールブラン 298
ブルガリアヨーグルト 139
豆乳 ×3 477
カレー粉 369
カットわかめ 59
白ごま 99
(子)おっとっと 139
十六穀米
化粧水
アルコール除菌
ピーラー
単3電池 ×2
ラップ ×2
こしひかり10kg 3100
69088
祝儀袋 324
130
楽天クレジット 70501
保育料 12300
家賃支払い 67530
(水道代 3530円)
振込完了!!
Memory ケーキ ×4 1580
39065
77881
8/26
ETC 6月分 9124
8/27
(K) 友人結婚式 30000
〃 2次会 5000
バナナ 159 147
ブルガリアヨーグルト 150 139
1102
牛乳 ×2 363 336
ダイソー サンシェード 324
マグネットBOX ×2 216

わかりやすいようにマーカーで色分けする

何回か出てきた特別費。財源は生活費の黒字部分とボーナスを中心にいただいたお金、ご祝儀などです。使い道は大きな買い物や、イベント代で、生活費とは別枠。だから、上書き合計に加算しません。とはいえ、特別費に甘んじて好き放題お金を使うのはNG。私は特別費をむやみに使わないために、年初に特別費の予算を立てています（86ページ参照）。家族の誕生日、車検、教育費。想像してみるだけでも特別費を使う機会はたくさんあります。使う予定のあるお金をあらかじめ知っておけば、一時の欲求で散財すると後が大変になることがわかります。

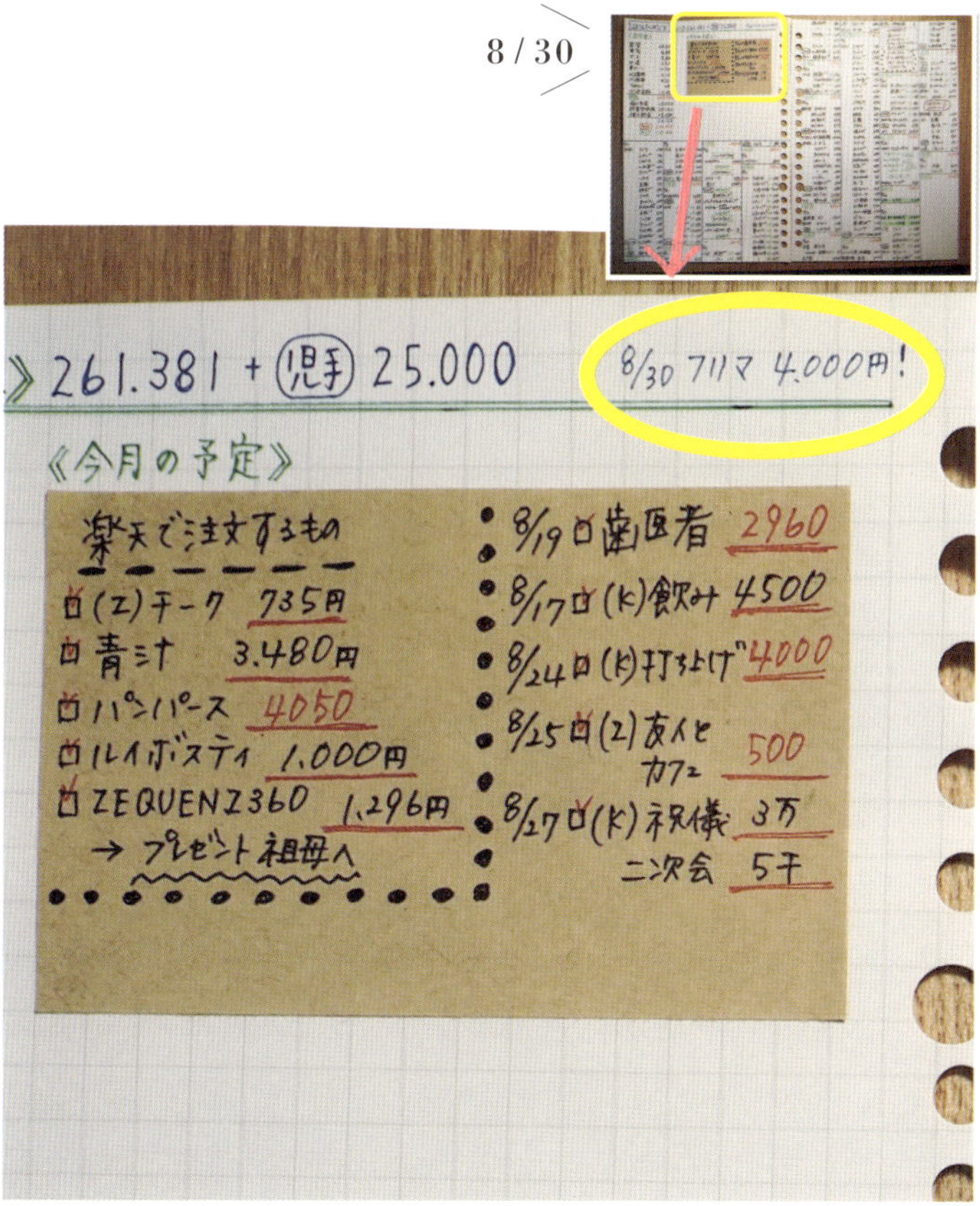

実践編17

臨時収入は書いておく

毎月の収入以外に、臨時収入があったら家計簿に記入しておきます。私の場合、フリーマーケットやネットオークションに出品をしているので、売り上げがあれば記録。そしてそのお金は生活費に回します。

いただいたご祝儀や餞別も、ここに記録。日付と金額のほかにも、誰からなぜいただいたのかも書いてあります。このお金は、特別費に回します。生活費と区別するために特別費に回す分は、㊕と書いています。

臨時収入のどこまでを生活費とし、どこからを特別費とするかは収入の額や臨時収入の頻度などを考慮しつつ、線引きを考えてみてください。

支出の書き出し1か月分終了！

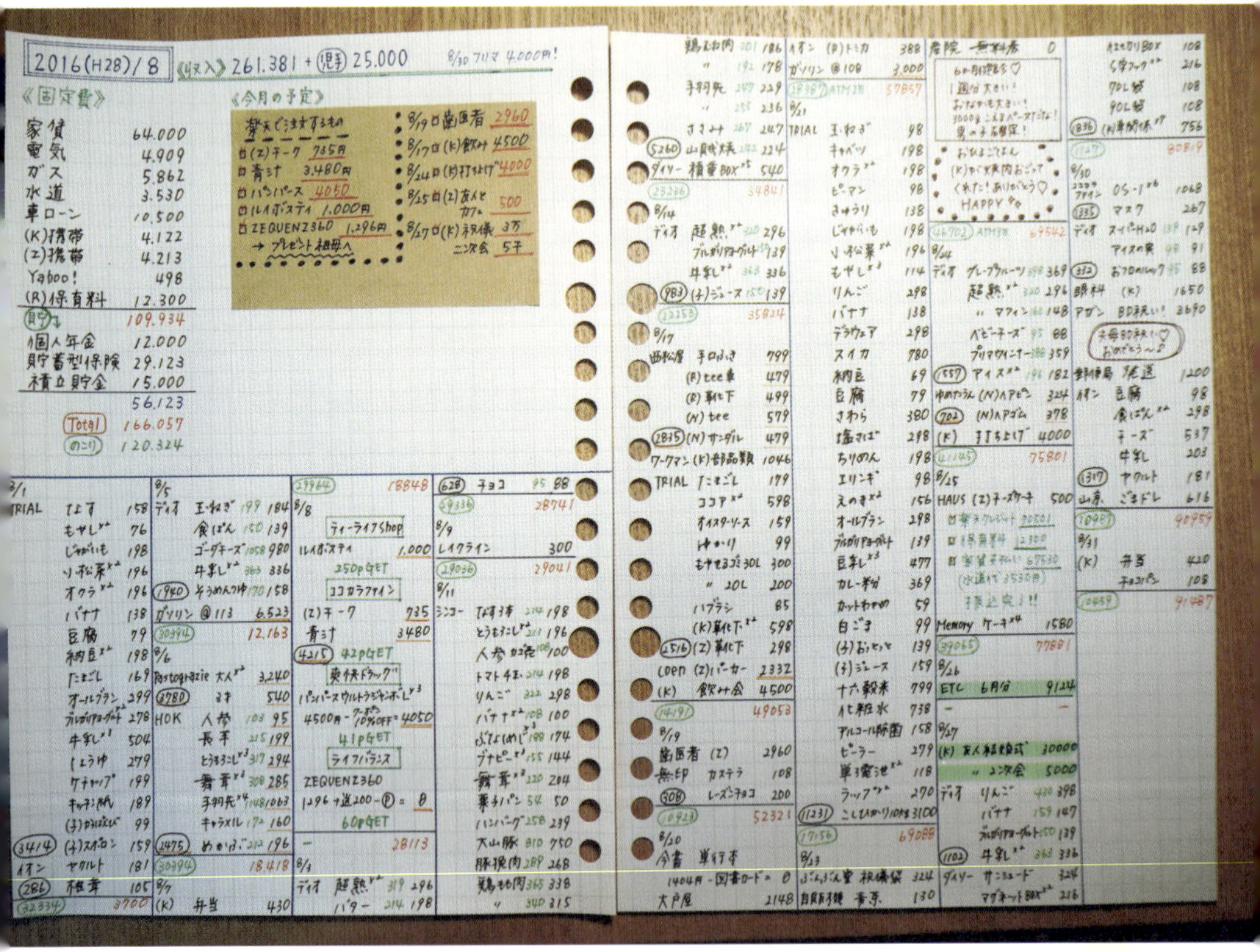

1日から31日まで、流れに沿って説明しましたが、イメージできましたでしょうか？基本、複雑に考えず、シンプルに考えましょう。

我が家の1か月分の支出書き出しは、いつも2〜3ページで収まります。ひとつの食材を複数買った場合も、牛乳×2などと書くようにしているので、このページ数はひとつの食材の数量には左右されません。たいていの家庭は私と同じくらいのボリュームで収まるのではないでしょうか。

買ったものをそのまま書くだけで、自分のお金の流れや無駄遣いなどがわかってきます。まずは書いていくことが大切です。

実践編18

天引き貯金は累計額を書き出す

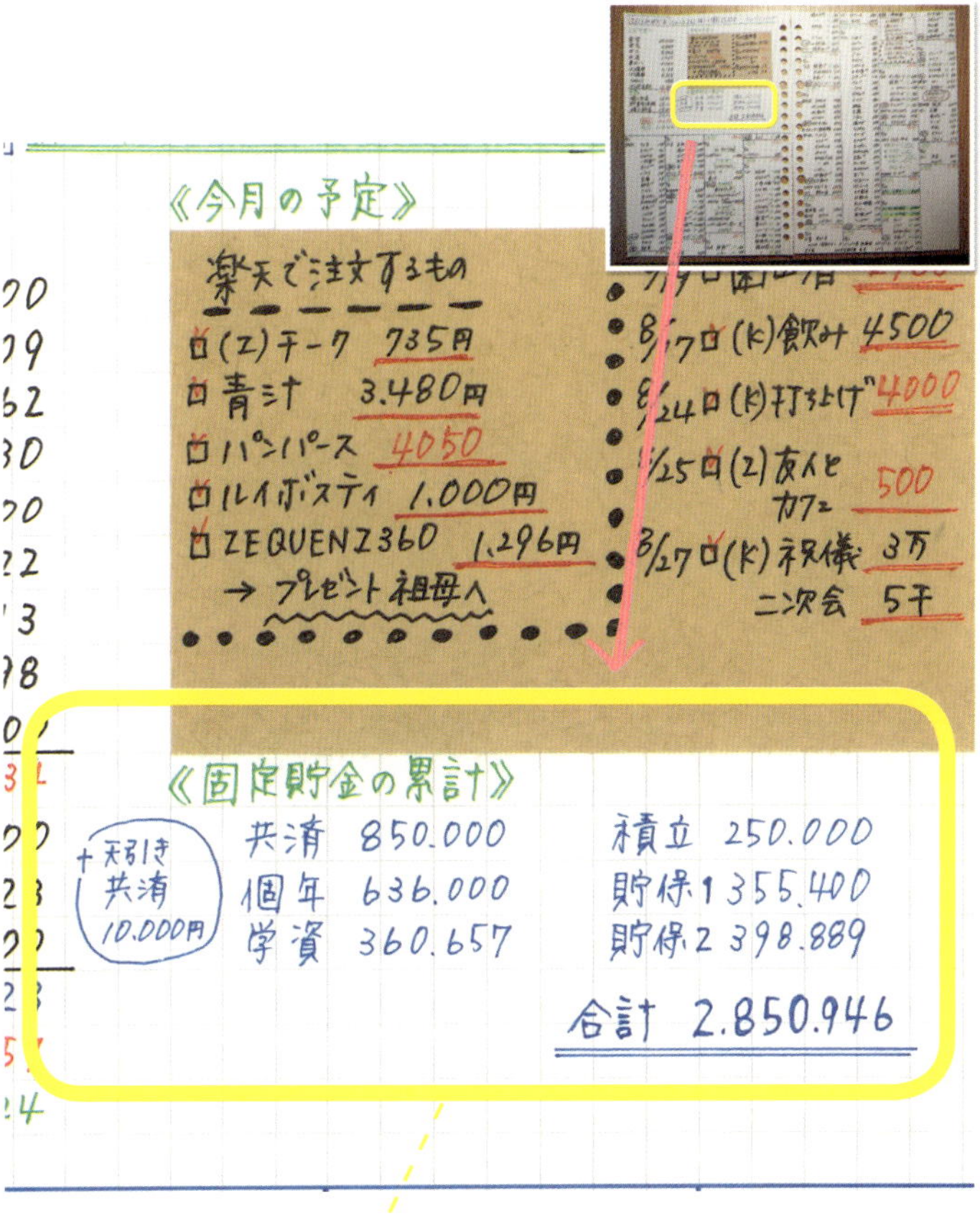
《今月の予定》
楽天で注文するもの
(Z)チーク 735円
青汁 3.480円
パンパース 4050
ルイボスティ 1.000円
ZEQUENZ360 1.296円
→プレゼント祖母へ
8/7 (K)飲み 4500
8/24 (K)打ち上げ 4000
8/25 (Z)友人とカフェ 500
8/27 (K)祝儀 3万
二次会 5千
《固定貯金の累計》
+天引き共済 10.000円
共済 850.000
個年 636.000
学資 360.657
積立 250.000
貯保1 355.400
貯保2 398.889
合計 2.850.946

今の貯金額がわかって安心する！

貯金といえば、銀行に預金する形が思い浮かびますが、実はさまざまな形があります。たとえば、毎月の給料から天引きされる財形貯蓄や、保険会社などの商品である学資保険など。これらは預金口座のようにお金がたまる様子が簡単にわからないので、いくらたまっているのか実感しづらいものです。

そこで、毎月支払っているお金の累計金額を固定費のそばに書くようにしました。貯金額がわかるので安心できます。また、この計算は毎月行うととても大変なので別紙に各貯金リスト（54ページ参照）を作っておくと便利です。

COLUMN

貯金リスト作成のすすめ

お金をためなければいけないという強迫観念のようなものはあっても、日々のやりくりで精いっぱい。そんな方が多いと思います。私もそうでした。でも、あるとき夫に「天引き貯金や学資保険も貯金なんじゃない」と聞かれて、支出だと思っていたものが貯金であることに気付きました。せっかくコツコツ積み立てているのに気付けず、なんとなく将来に不安を感じていたなんて、今思うともったいない話です。

そこで、それまでに支払った金額＝将来受け取ることができる金額を書き出しました。今どのくらいたまっているかわかるとともに、目標金額まであといくら必要かもひと目でわかるので、漠然とした不安や焦りから開放されます。

家計簿とは別の紙に貯金リストを作成しましょう。心と時間に余裕があるときに、どんどん先読みした累計金額を書いていくと、毎月計算する手間が省けるのでおすすめです。

私は〝何年の何月にいくらたまるのか〟とともに、そのとき自分や夫、子供が何歳になっているのかも書いています。こうしておくと、将来設計を立てるときにとても役立つのでぜひ、試してみてください。

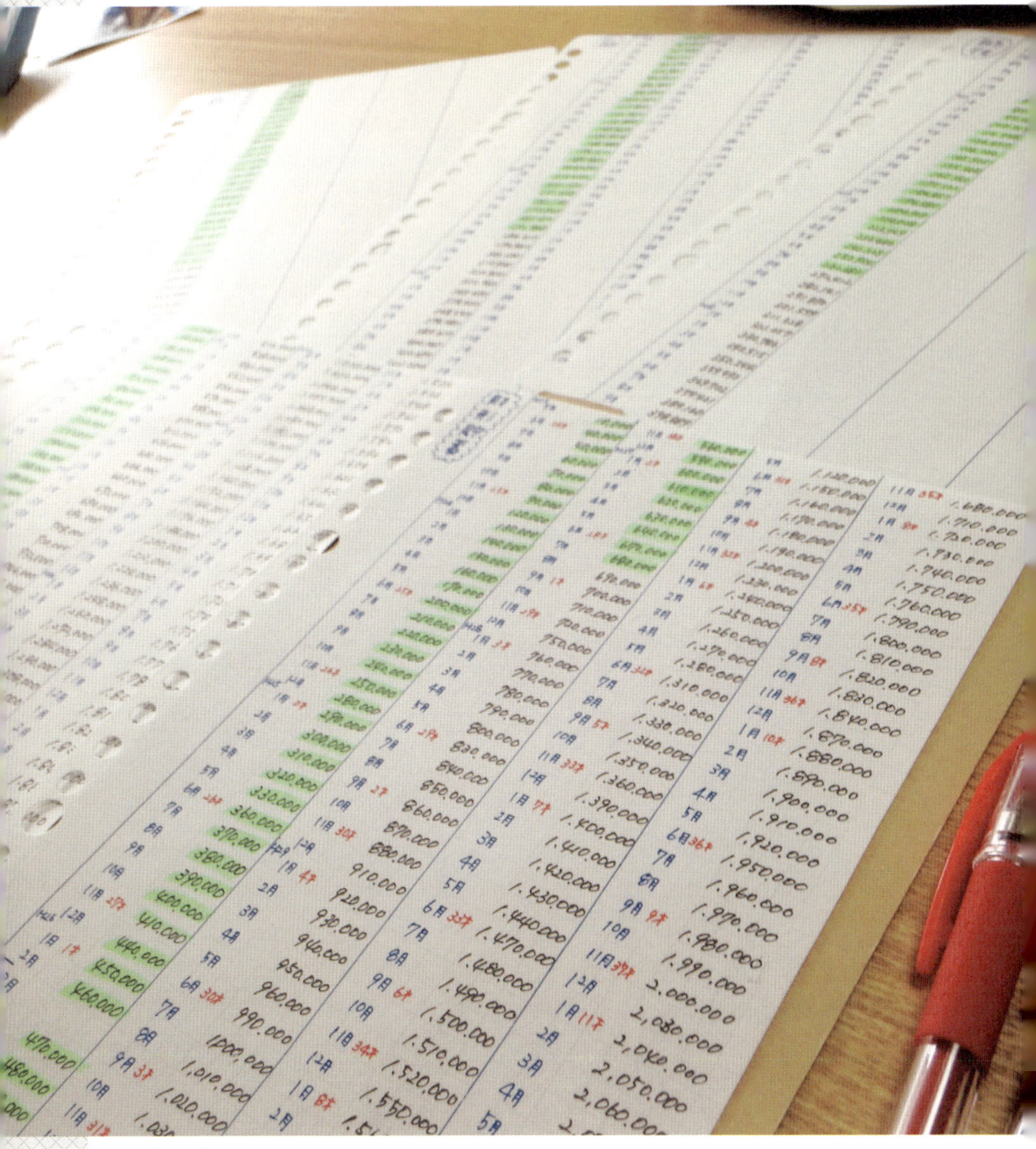

一度に計算するととっても楽ですし、何
年後にはこんなにたまっているの？と嬉
しい気持ちになり、やる気もでます。

実践編19

赤字か黒字かチェックしよう

家計簿に慣れるまでは、細かい項目ごとの集計をする必要はありません。1か月の支出を書き出し終えたら、赤字か黒字かだけを確認しましょう。

はじめは赤字になってしまっても、家計簿を通して無駄や工夫を発見できるので、数か月後には自然と黒字になります。とにかくはじめは書くことができたらそれでOKなので、赤字か黒字かの結果はあまり気にしないようにしましょう。

もし、もっと詳しく支出について考えたくなったら、いろいろやってみるのもよいですが、最初はシンプルが一番です。

❶

生活費合計額 + 固定費合計額

＝その月の総支出

❷

その月の総収入 − その月の総支出

＝差額を出す

⬇

家計簿完成

月末

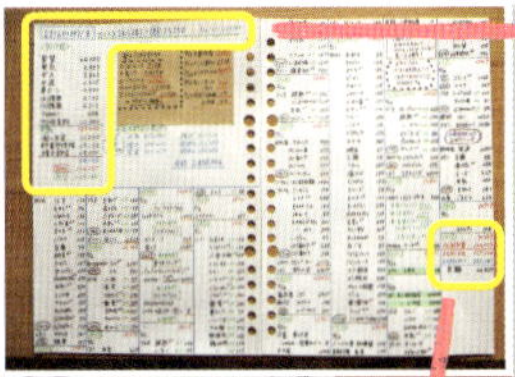

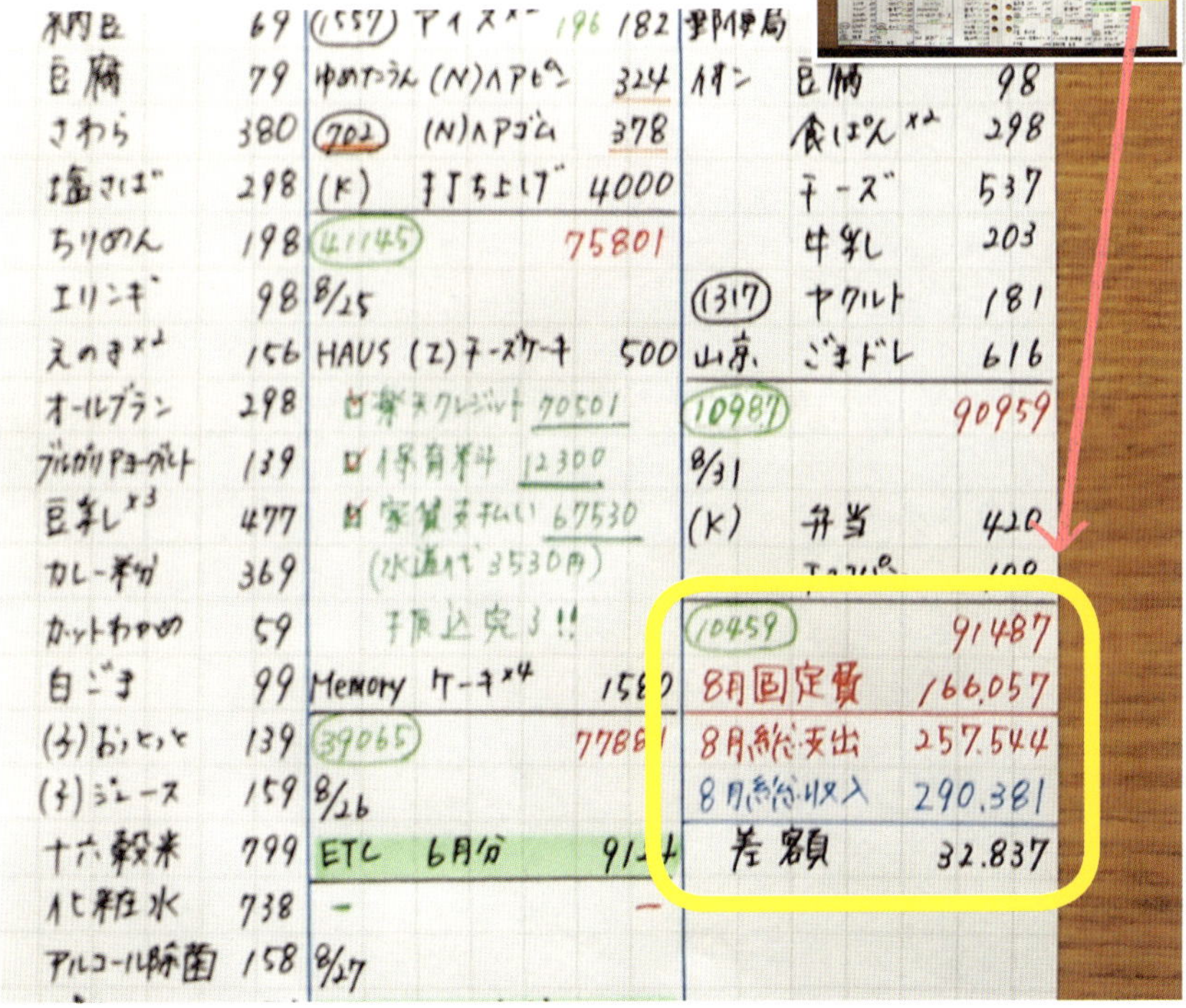

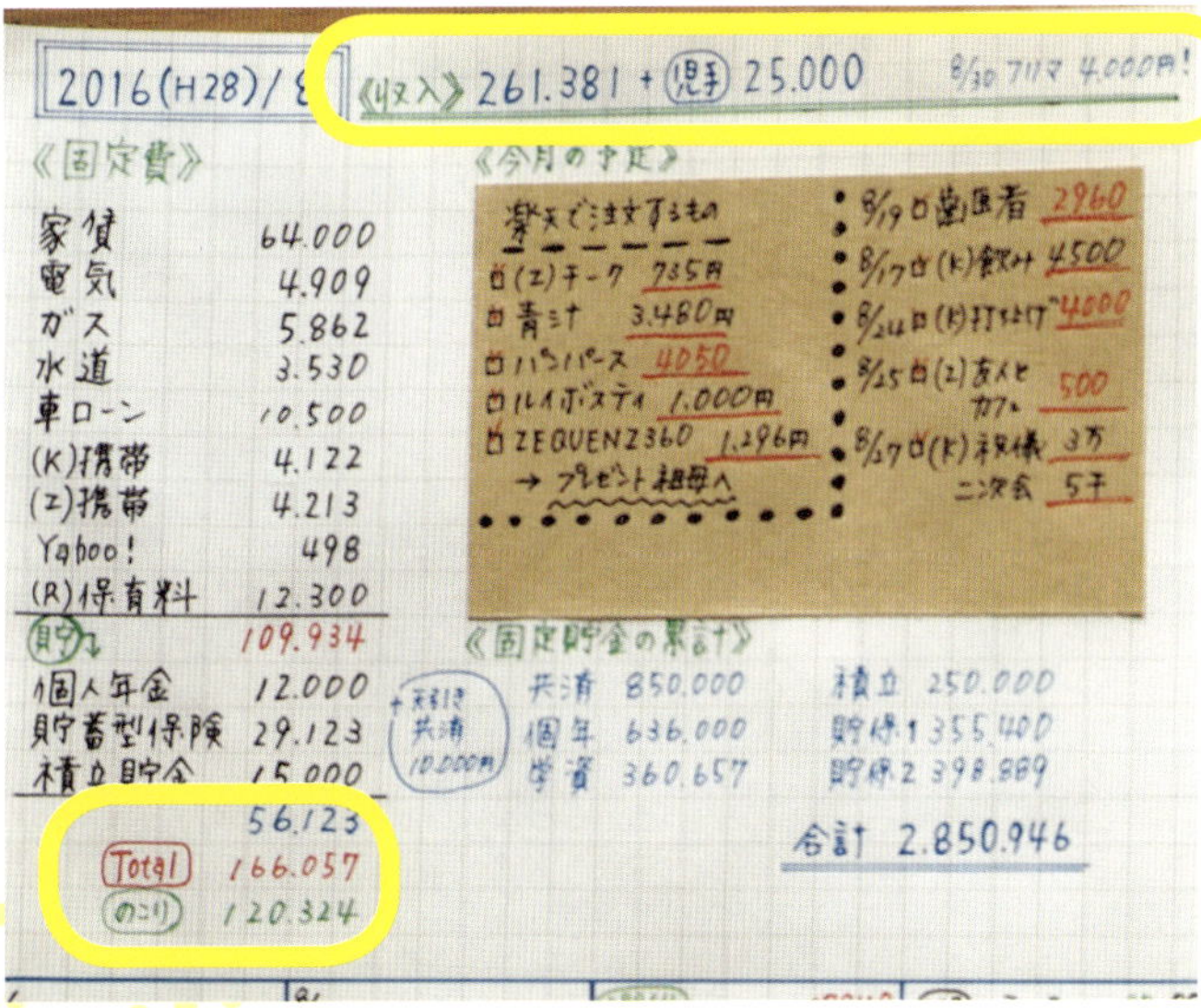

月初めのページの一番上に、月の収入と臨時収入が書いてあります。この合計が総収入額です。そのページの固定費の下に書いてある「Total」は固定費の合計金額です。「のこり」が生活費になります。

集計部分では、総収入ー（Total+生活費総支出）を計算します。差額がプラスなら黒字計上です。

まずはここから！シンプル家計簿

今紹介した工程で、基本の家計簿は作成完了です。

①フォーマットを作成
②収入、固定費、月の予定を記入
③日々の買い物のレシートを写す
④上書き合計
⑤財布の残金の書き出し
⑥月末に、総収入から総支出を引いて赤字か黒字かを確認

たまに税込み計算をする日があったり、臨時収入を書く月があっても、そんなに大変な作業ではありませんよね。詳しい集計や、気付いたことを書くのは、このシンプルな家計簿に慣れて気が向いたときでOKです。

「づんの家計簿」はシンプルを追求した形です。ぜひフォーマットや書き方を複雑化せず、素直にただ支出を書いていってください。

食べ物を記入するレコーディングダイエットのように、使ったお金を記入すると食べ過ぎている部分がわかります。記入を続けると知らず知らずのうちに食べる量が減り、自然とダイエットできるように、使ったお金を書いていけばどんなところにお金を使ったか、無駄なところが何かがわかり、家計がスリムになります。とりあえずそこからはじめてみましょう。

づんの家計簿はシンプルで簡単。誰でも続けられる構成なので、気軽にはじめてください。

Part 02

「づんの家計簿」の書き方

応用編

ここまで「づんの家計簿」の書き方を工程の写真と合わせて説明してきました。次ページから紹介するのは、ここまでの基本的な書き方に慣れて、毎日家計簿をつけることが習慣になった方へおすすめするやり方です。

ただ、家計簿作りは自分に合うやり方を見つけるのが一番なので、これから紹介すること以外にも自分の興味のあることが見つかったら、それぞれのやり方でどんどんはじめてみてください！

慣れてきたら集計&反省点・改善点を書く

ここから先は応用編です。「絶対」ではないので、心と時間に余裕があるときに試してみてください。

家計簿を継続すると、お金の流れの全貌が見えてきます。「全体の支出のうち食費だけでいくらかかっているんだろう？」「消耗品はどのくらいのペースで買い足しているのかな？」「夫の飲み代はどのくらい？」など、家計をもっと細かく把握したい気持ちが生まれるかもしれません。

そんなときは、ちょっと詳しい集計にトライしてみましょう。項目は自由です。「食品/日用品」のような大きなくくりでも、「野菜/肉・魚/ティッシュペーパー」のような品物単位でもOK。自分が知りたい数字を集計してみましょう。

また、そんなに興味がない項目に関しては、すべて「その他」とひとまとめにして集計すればストレスになりません。

詳しい集計とあわせて1か月過ごしてみて、どんなことを感じたのか感想を書くこともおすすめです。お金のことだけにとらわれず「体調が悪かった」「祖母宅に遊びに行った」など、日記のようにその月のちょっとしたことを書いてみましょう。生活とお金は必ずリンクするので、なにか気付きが得られると思います。

左側が月の集計。KIZUKIが感想です。
集計は自分のやりやすい項目を模索し、
楽しく取り組んでみてください。

ワンランク上の集計術

\Start!/

づんの集計のしかたを紹介します。

1

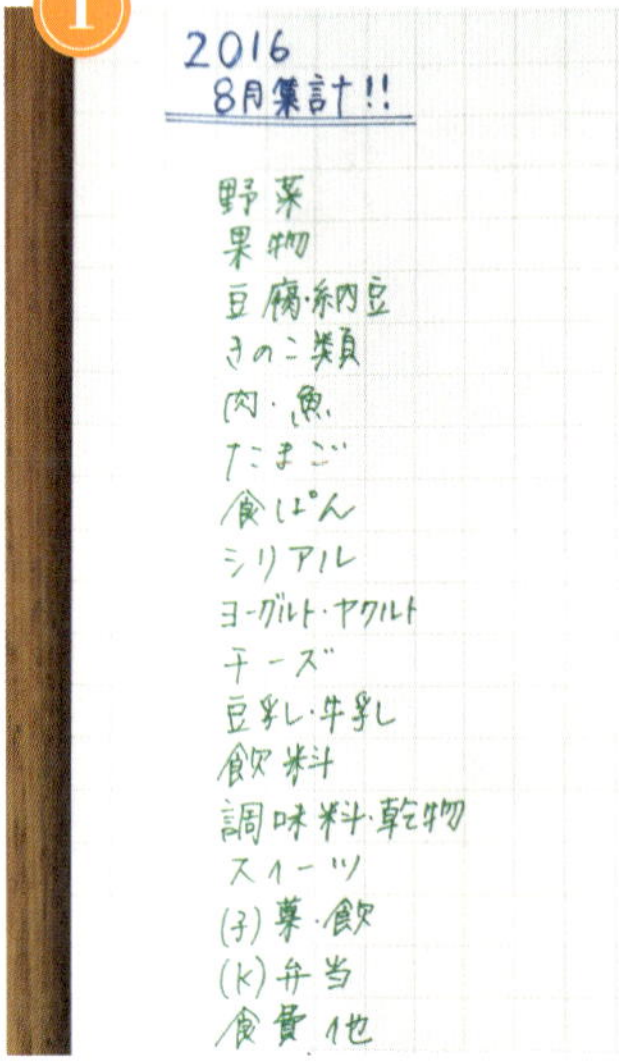

項目を書き出す

項目を書き出します。集計用ノート（70ページ参照）と並び順をそろえましょう。

2

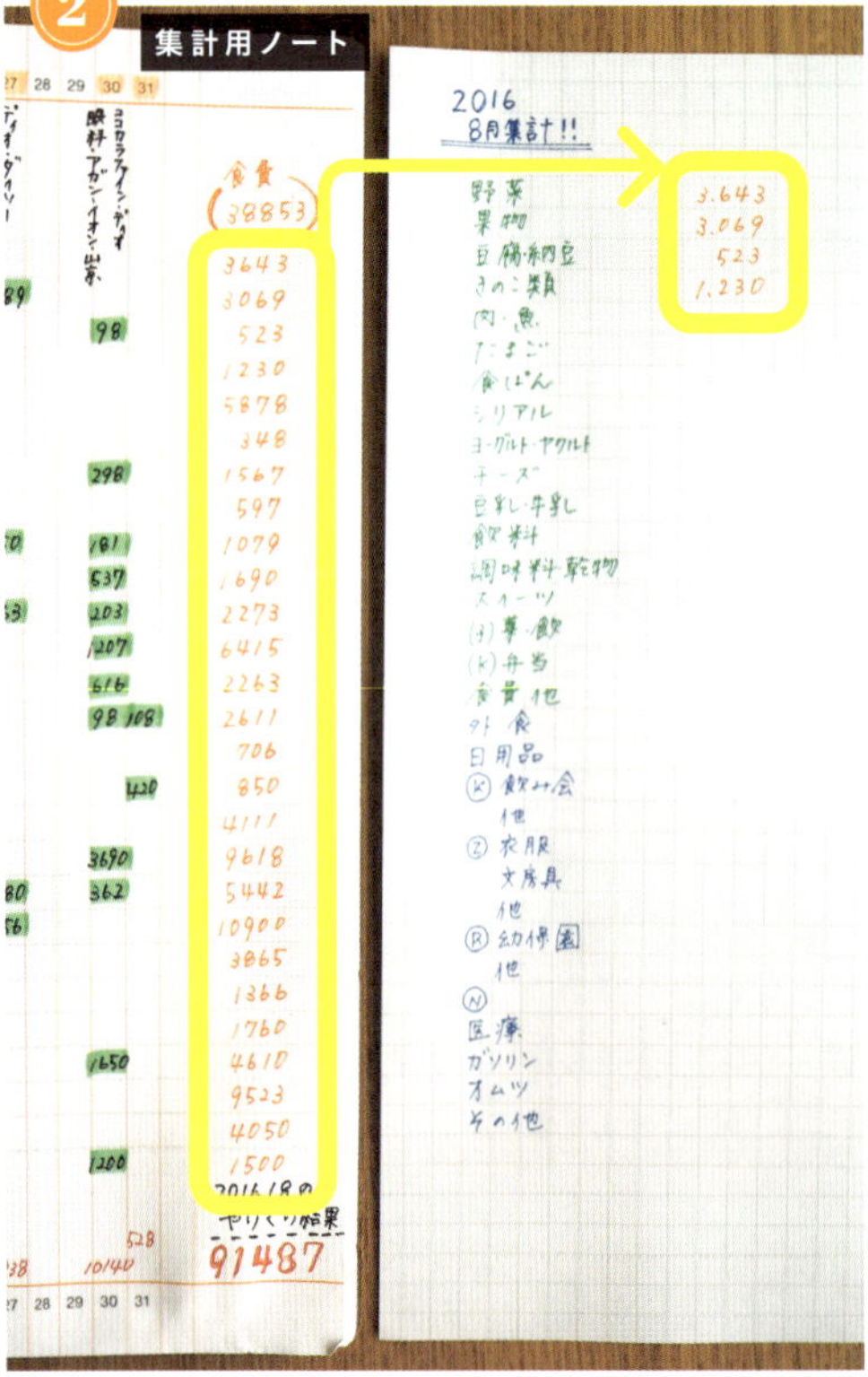

項目ごとに金額を書く

集計用ノートにすでに項目の合計額が書いてあるので、書き写すだけです。

③

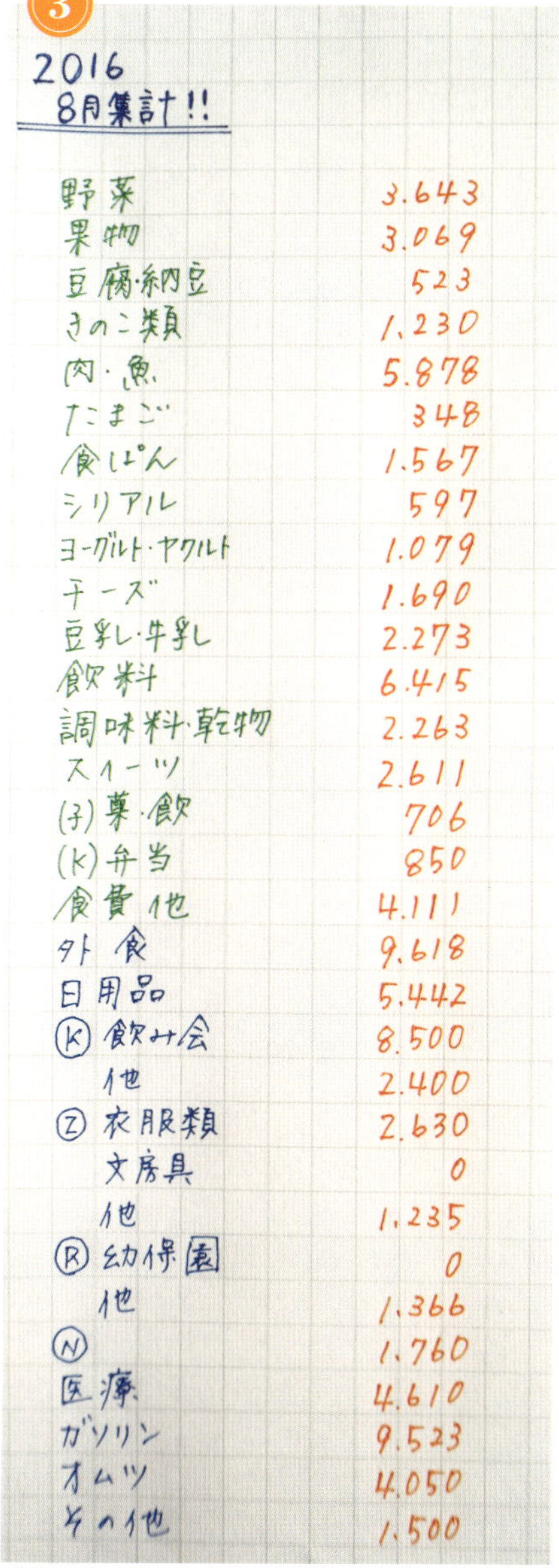

2016 8月集計!!	
野菜	3.643
果物	3.069
豆腐・納豆	523
きのこ類	1.230
肉・魚	5.878
たまご	348
食ぱん	1.567
シリアル	597
ヨーグルト・ヤクルト	1.079
チーズ	1.690
豆乳・牛乳	2.273
飲料	6.415
調味料・乾物	2.263
スイーツ	2.611
(子)菓・飲	706
(K)弁当	850
食費他	4.111
外食	9.618
日用品	5.442
Ⓚ飲み会	8.500
他	2.400
Ⓩ衣服類	2.630
文房具	0
他	1.235
Ⓡ幼保園	0
他	1.366
Ⓝ	1.760
医療	4.610
ガソリン	9.523
オムツ	4.050
その他	1.500

項目ごとの金額記入完了！

全ての項目が埋まりました。書き写すだけなので、とっても簡単です。

④

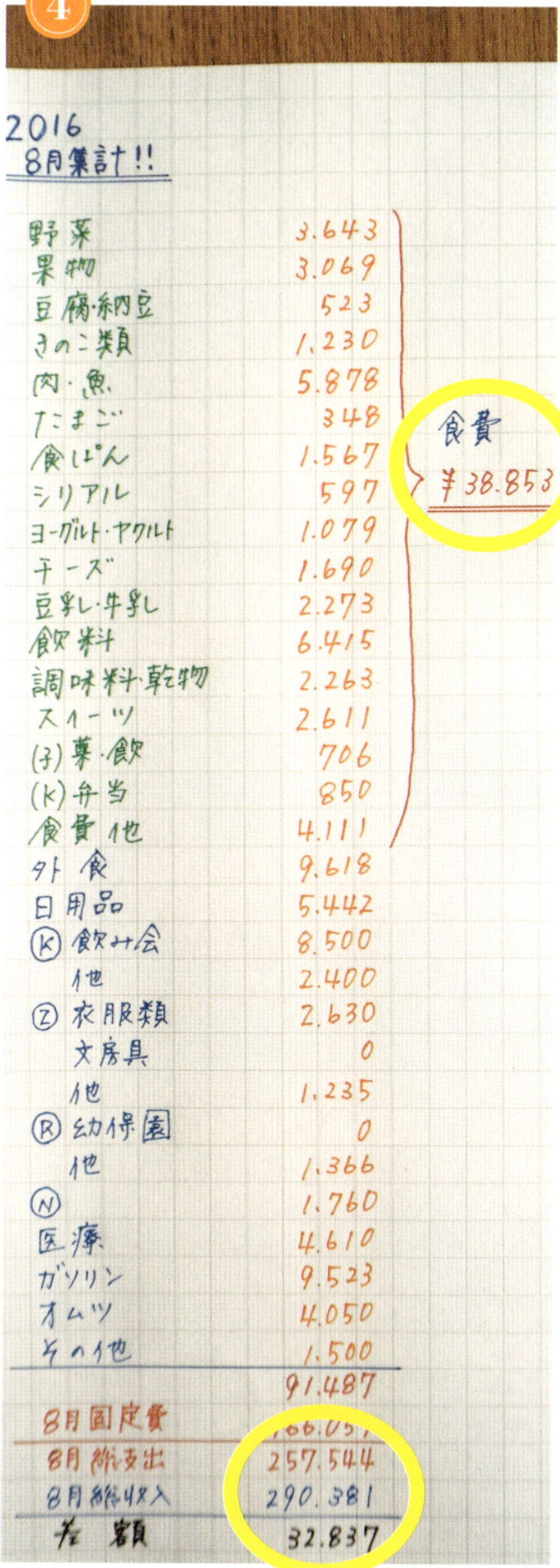

2016 8月集計!!	
野菜	3.643
果物	3.069
豆腐・納豆	523
きのこ類	1.230
肉・魚	5.878
たまご	348
食ぱん	1.567
シリアル	597
ヨーグルト・ヤクルト	1.079
チーズ	1.690
豆乳・牛乳	2.273
飲料	6.415
調味料・乾物	2.263
スイーツ	2.611
(子)菓・飲	706
(K)弁当	850
食費他	4.111
外食	9.618
日用品	5.442
Ⓚ飲み会	8.500
他	2.400
Ⓩ衣服類	2.630
文房具	0
他	1.235
Ⓡ幼保園	0
他	1.366
Ⓝ	1.760
医療	4.610
ガソリン	9.523
オムツ	4.050
その他	1.500
	91.487
8月固定費	166.05
8月総支出	257.544
8月総収入	290.381
差額	32.837

食費 ￥38.853

いつもと同じ集計作業に戻る

総収入ー総支出をしたら集計完了です。私は食費を知りたい項目で算出しているので、食費の合計額を横に書いています。

↓
66ページに続く！

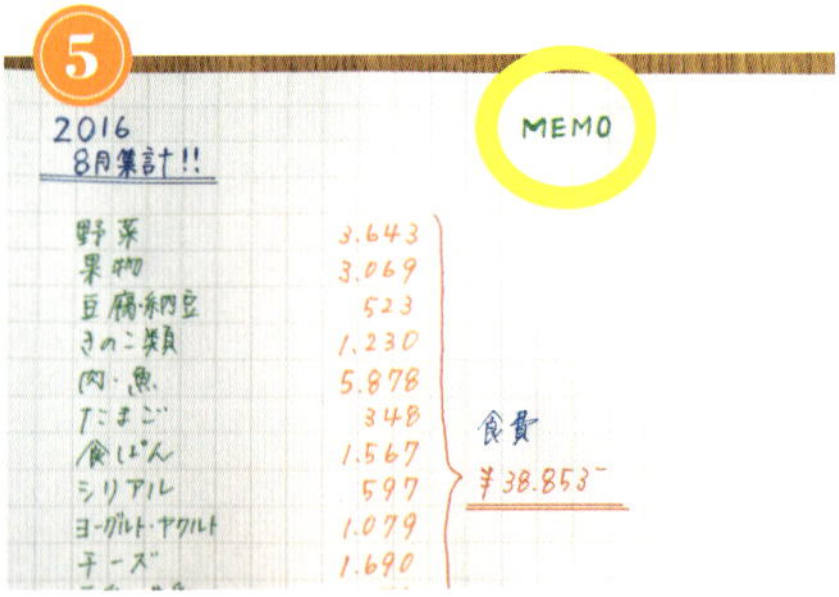
2016
8月集計!!
MEMO
野菜 3,643
果物 3,069
豆腐・納豆 523
きのこ類 1,230
肉・魚 5,878
たまご 348
食ぱん 1,567
シリアル 597
ヨーグルト・ヤクルト 1,079
チーズ 1,690
食費
¥38.853-

集計の横はメモ欄に

集計の横は自由なメモスペースにします。自分が書き留めておきたいことを記しましょう。

↓

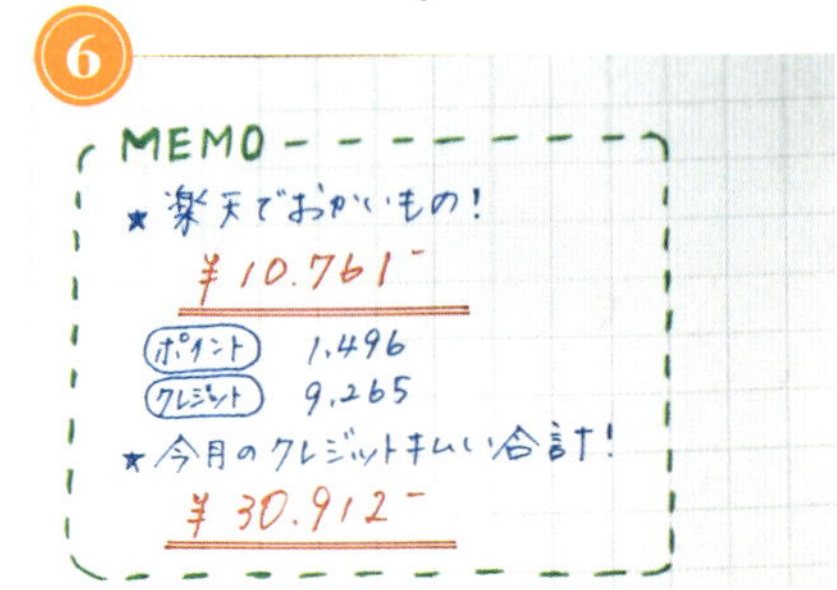
MEMO
★楽天でおかいもの!
¥10.761-
ポイント 1,496
クレジット 9,265
★今月のクレジット払い合計!
¥30.912-

知りたいことをメモするだけ

ネットショッピングの合計とクレジット払いの合計をメモしています。

↓

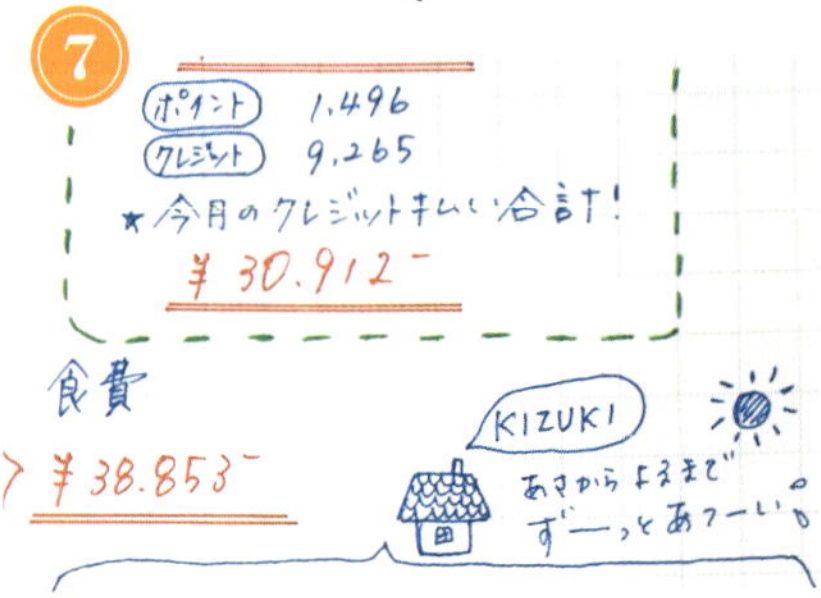
ポイント 1,496
クレジット 9,265
★今月のクレジット払い合計!
¥30.912-
食費
¥38.853-
KIZUKI
あさからよるまで ずーっとあつーい。

KIZUKI＝月の感想

メモの下には、KIZUKIを書きます。日記を書く感じで気軽に書いてみてください。

↖

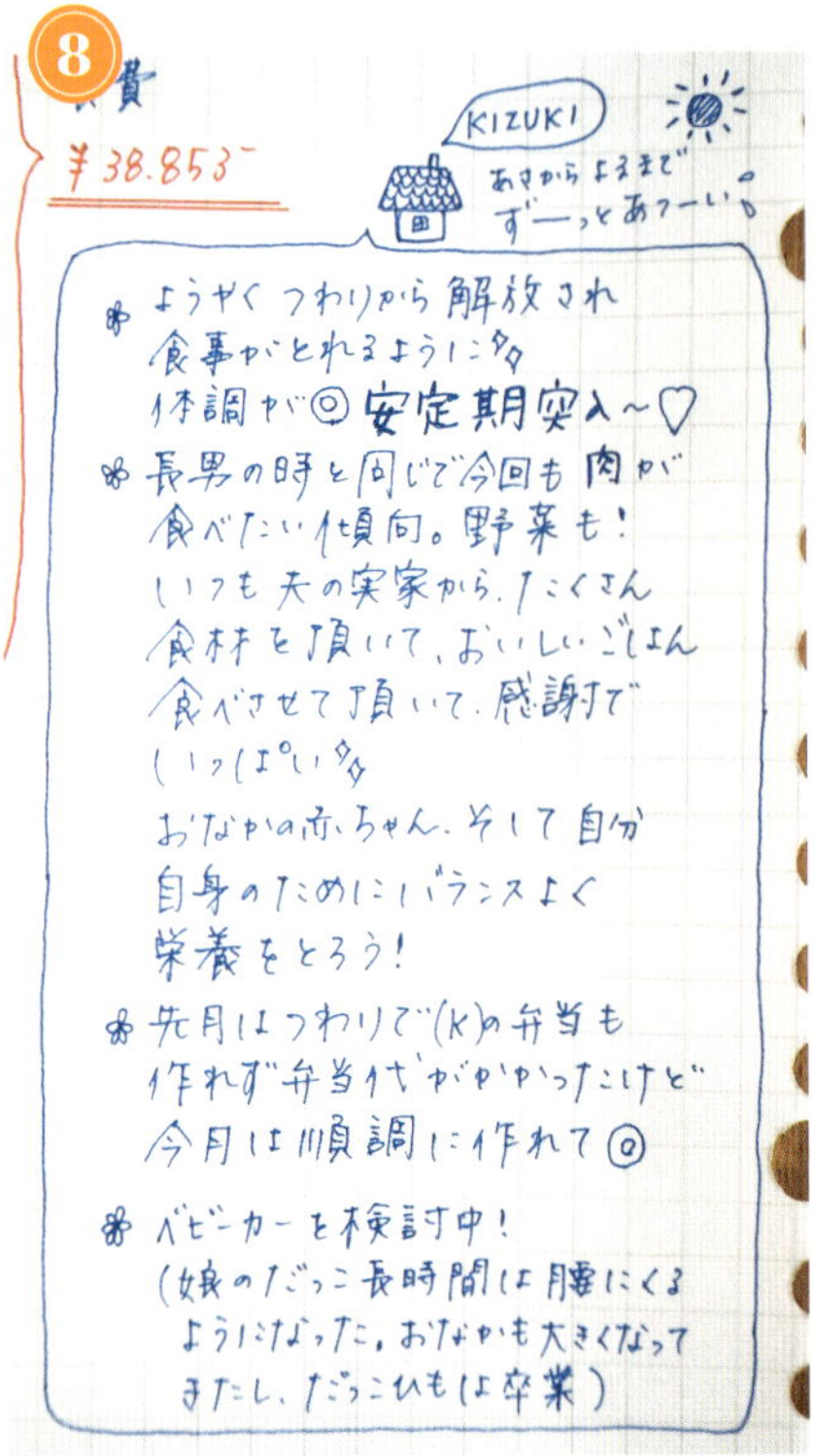
食費
¥38.853-
KIZUKI
あさからよるまで ずーっとあつーい。
ようやくつわりから解放され食事がとれるように
体調が◎安定期突入〜♡
長男の時と同じで今回も肉が食べたい傾向。野菜も!
いつも夫の実家から、たくさん食材を頂いて、おいしいごはん食べさせて頂いて、感謝でいっぱい
おなかの赤ちゃん、そして自分自身のためにバランスよく栄養をとろう!
先月はつわりで(K)の弁当も作れず弁当代がかかったけど今月は順調に作れて◎
ベビーカーを検討中!
(娘のだっこ長時間は腰にくるようになった。おなかも大きくなってきたし、だっこひもは卒業)

1か月の振り返りを書く

生活とお金はリンクするので、1か月を振り返るだけでたくさんの発見がありますよ。

↓

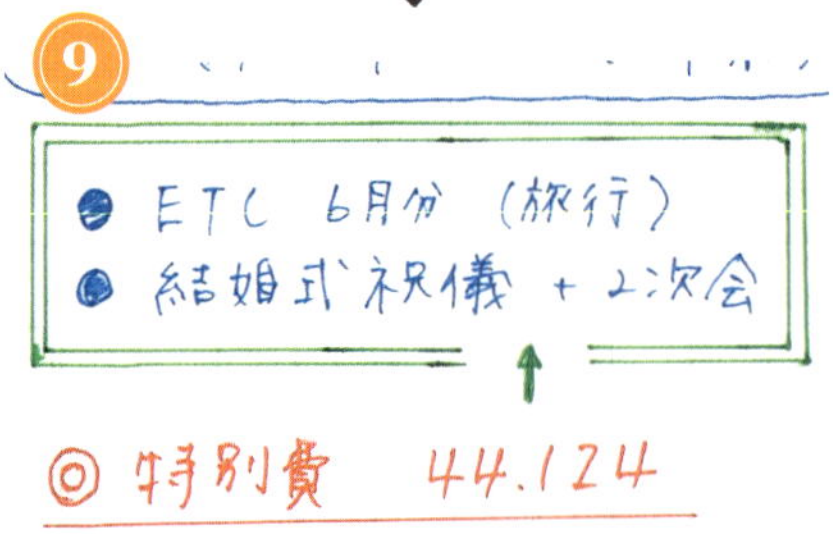
ETC 6月分 (旅行)
結婚式祝儀 + 2次会
◎ 特別費 44.124

最後に特別費をまとめる

生活費とは別会計の特別費も、合計金額を算出しておきましょう。

\ Finish! /

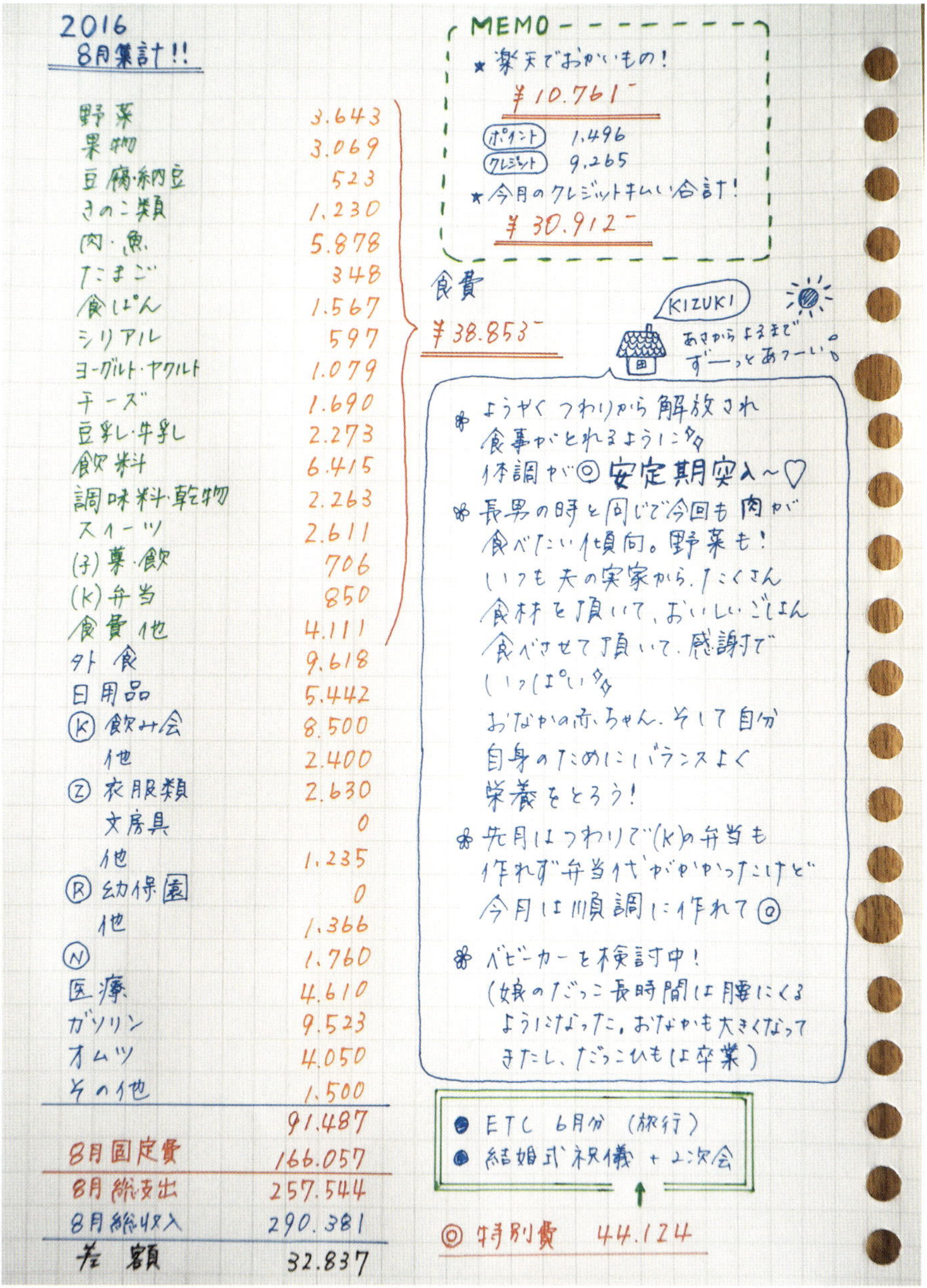

2016
8月集計!!

野菜	3.643
果物	3.069
豆腐・納豆	523
きのこ類	1.230
肉・魚	5.878
たまご	348
食ぱん	1.567
シリアル	597
ヨーグルト・ヤクルト	1.079
チーズ	1.690
豆乳・牛乳	2.273
飲料	6.415
調味料・乾物	2.263
スイーツ	2.611
(子)菓・飲	706
(K)弁当	850
食費他	4.111
外食	9.618
日用品	5.442
Ⓚ 飲み会	8.500
他	2.400
Ⓩ 衣服類	2.630
文房具	0
他	1.235
Ⓡ 幼保園	0
他	1.366
Ⓝ	1.760
医療	4.610
ガソリン	9.523
オムツ	4.050
その他	1.500
	91.487
8月固定費	166.057
8月総支出	257.544
8月総収入	290.381
差額	32.837

食費
¥38.853-

MEMO
★楽天でおかいもの!
¥10.761-
ポイント 1.496
クレジット 9.265
★今月のクレジット払い合計!
¥30.912-

KIZUKI
あさからよるまで
ずーっとあつーい。

❀ ようやくつわりから解放され食事がとれるように♪
体調が◎ 安定期突入～♡
❀ 長男の時と同じで今回も肉が食べたい傾向。野菜も!
いつも夫の実家から、たくさん食材を頂いて、おいしいごはん食べさせて頂いて、感謝でいっぱい♪
おなかの赤ちゃん、そして自分自身のためにバランスよく栄養をとろう!
❀ 先月はつわりで(K)の弁当も作れず弁当代がかかったけど今月は順調に作れて◎
❀ ベビーカーを検討中!
(娘のだっこ長時間は腰にくるようになった、おなかも大きくなってきたし、だっこひもは卒業)

● ETC 6月分 (旅行)
● 結婚式祝儀 + 2次会
↑
◎ 特別費 44.124

月に1回、たったこれだけのことを書くだけで家計の把握はグッと進みます!

集計完成!

COLUMN

慣れてきたらこんな文具も

私は家計簿をバインダーで保管しています。以前は記入する際、いちいちバインダーから取り外していたので、その手間を省こうとクリップボードで軽量化を図りました。ひと月ぶんだけを挟むことにより、家事の合間やちょっとした空き時間など思い立ったときにさっと開いて、すぐに書き込めるので快適になりました。また、手帳と一緒に持ち歩くようになったので、レシートのない支払いも忘れないうちにすぐ記入することができます。出先で上書き合計金額を確かめることもできるので出費をセーブして、安心して買い物ができています。

忙しい中で家計簿を続けていくためには、少しでも手間に感じたことをこうして改善していくことが、無理なく習慣化するのに繋がるのではないかと思います。

次に、先ほど紹介した集計用ノートです。これがあれば詳しい集計がとっても楽になります。私はユナイテッドビーズのプロジェクトマネージャーのA5スリムサイズを使用していますが、エクセルで作成することもできるので、自分の用意しやすいほうを選んで取り組んでみてください。

どちらもプラスアルファの作業なので、余裕があるときに新しい文具を取り入れながらスタートしてみましょう。

クリップボード

HIGH TIDEのクリップボード。ポケットにはレシートなどを入れて、すぐ家計簿を書けるように。

集計用ノート

私の使用している集計用ノートです。詳細な集計をする際に使用します。エクセルで作ることもできますよ。

集計をしやすくするための工夫

64ページで私流の集計のしかたを紹介しましたが、もともと1日〜月末まで書いたものからひとつひとつピックアップして集計していたので、とても大変でした。今ではより簡単にできるよう別に「集計用ノート」を作っています。写真のように、私は縦軸を項目名、横軸を日付として使用しています。

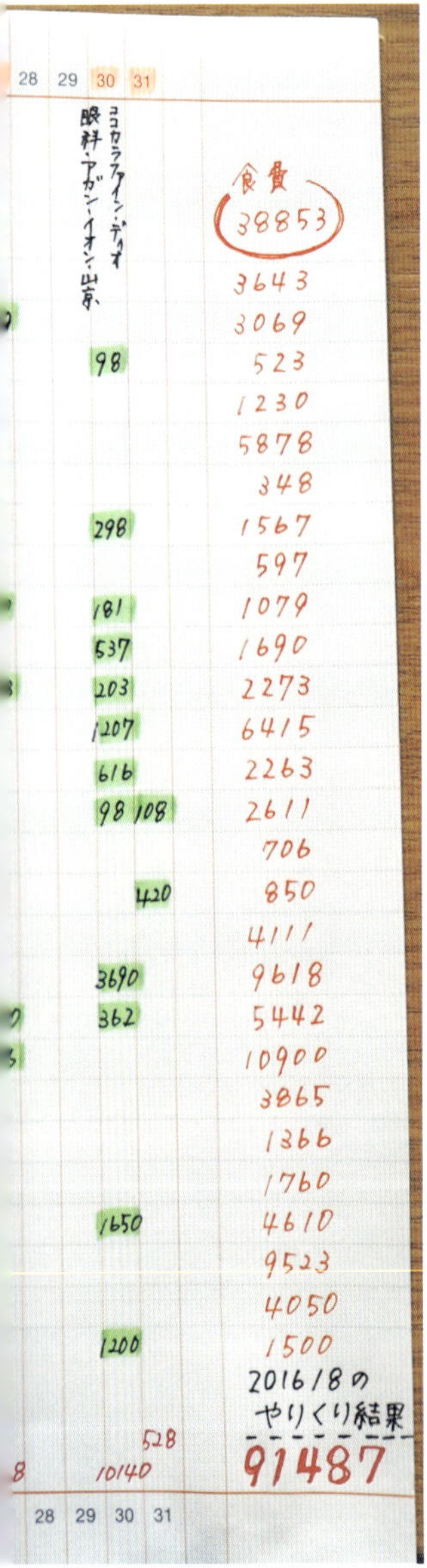

ユナイテッドビーズのプロジェクトマネージャーA5スリムサイズを使用しています。

↓

これは本来はスケジュール管理に使うガントチャートという表です。

横に足していくだけ！

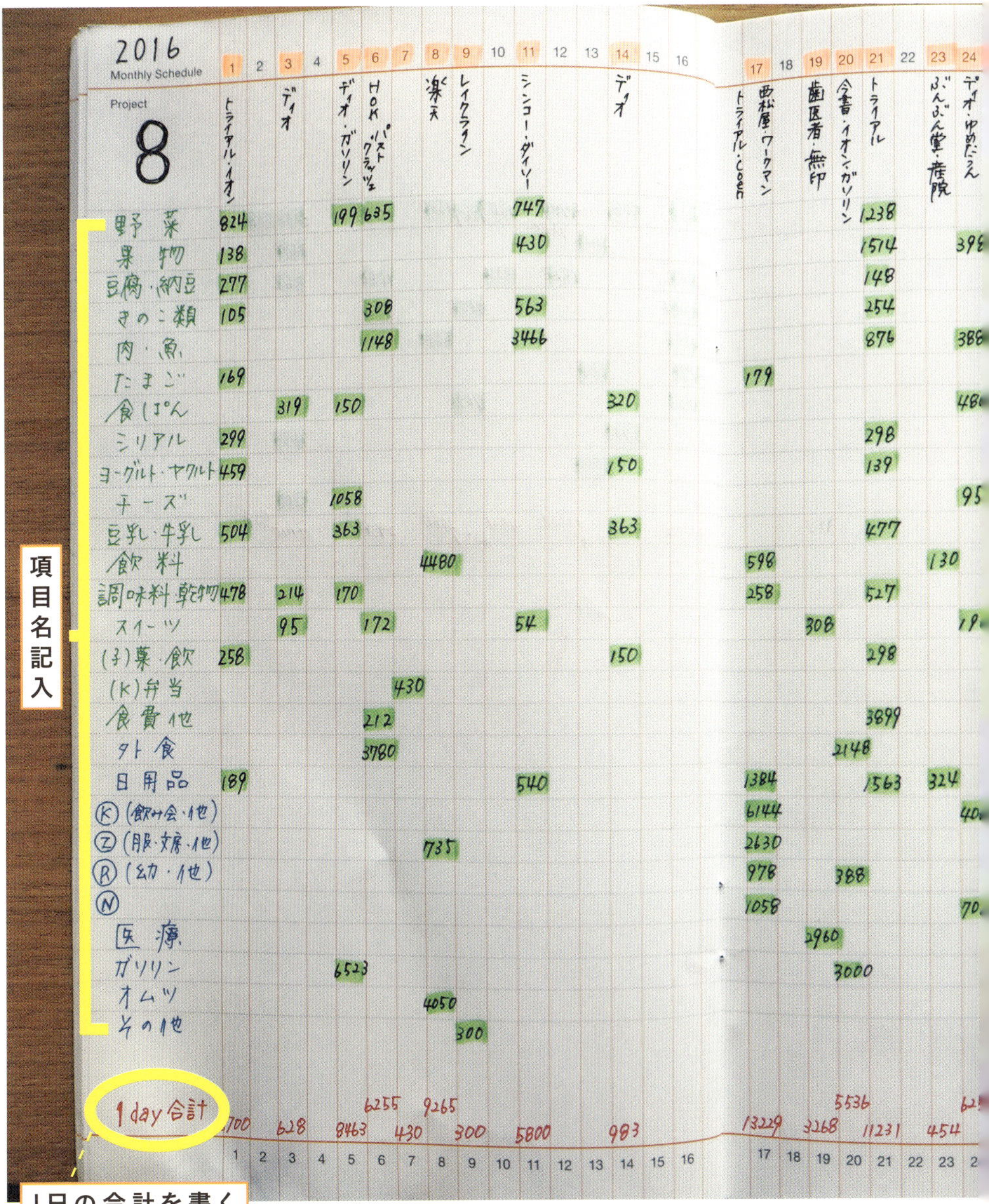

項目名記入

1日の合計を書く

詳しい集計用ノート
書き方の流れは
72ページへ！

日々の書き出し作業に
+αしてみよう！
月末集計が楽になります

家計簿に
書き出したら
集計用ノートを
開いて…

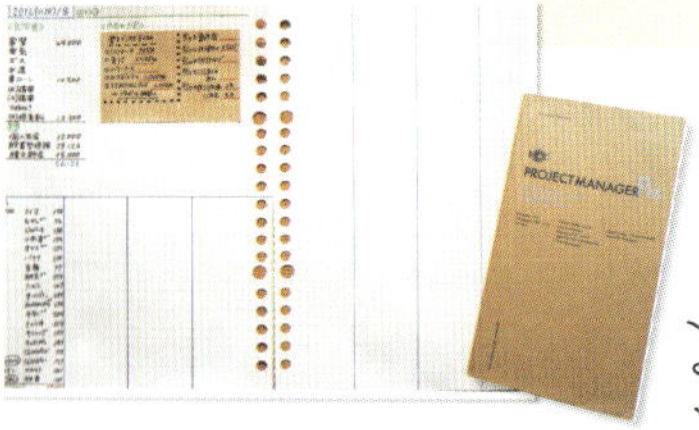

\Start!/

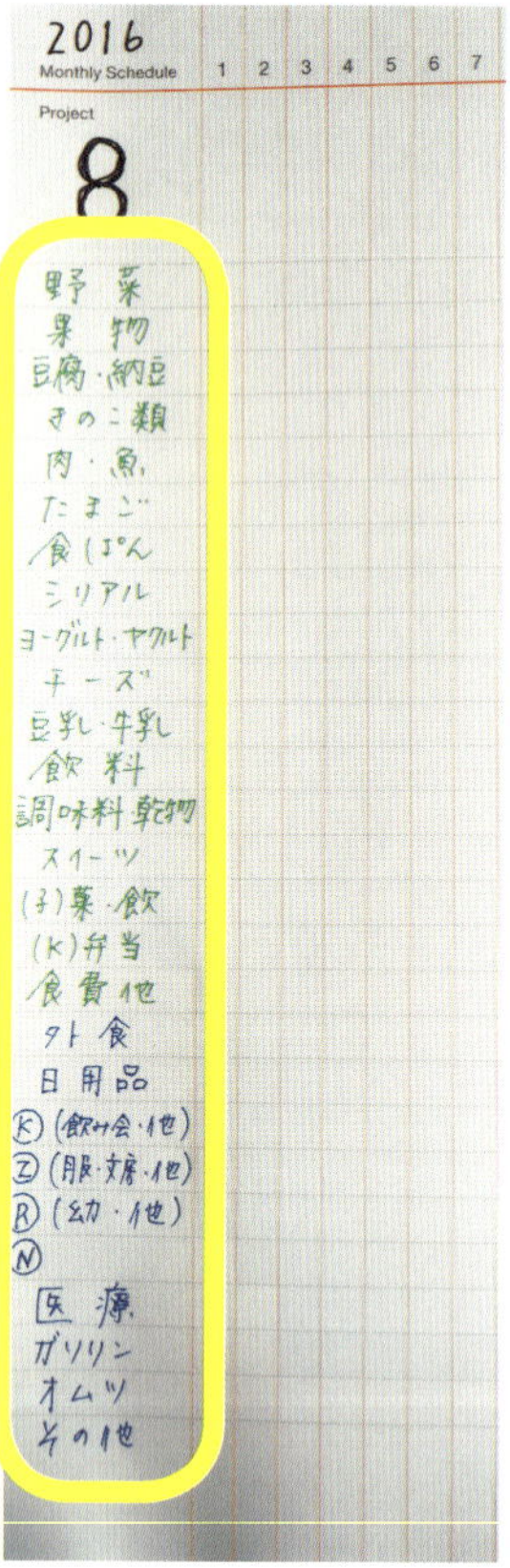

1 項目を書き出す

projectの欄に何月の集計かを書きます。次に、自分の知りたい項目を書き出します。私は「野菜、果物、豆腐・納豆……」としています。

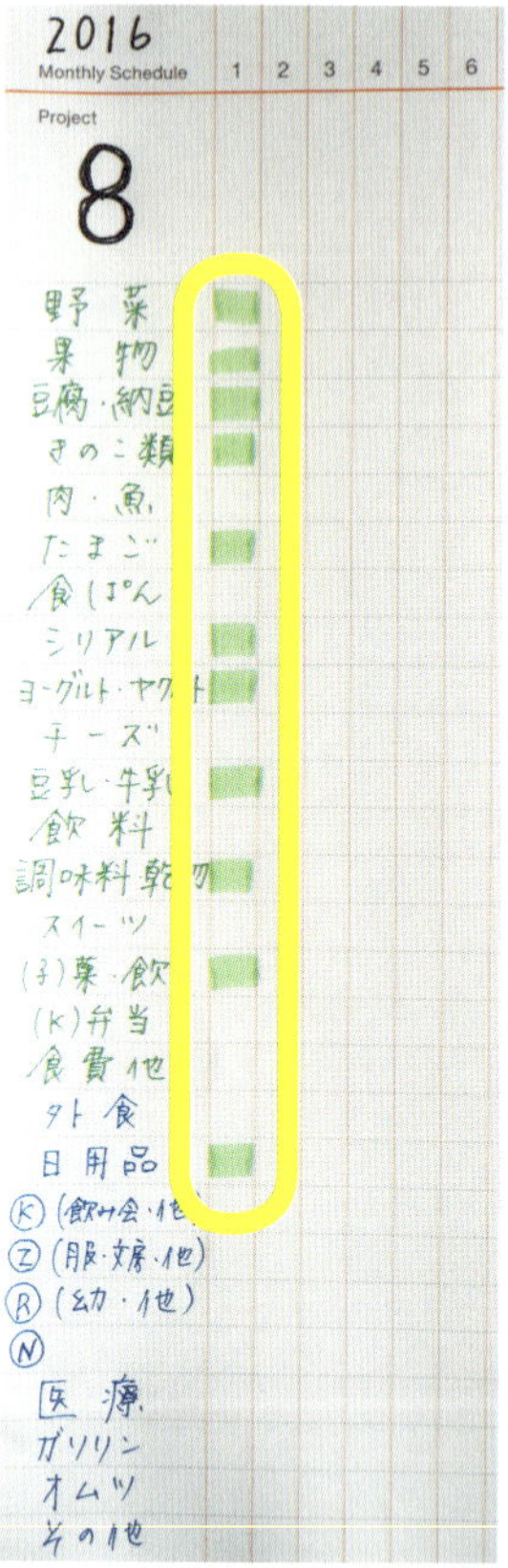

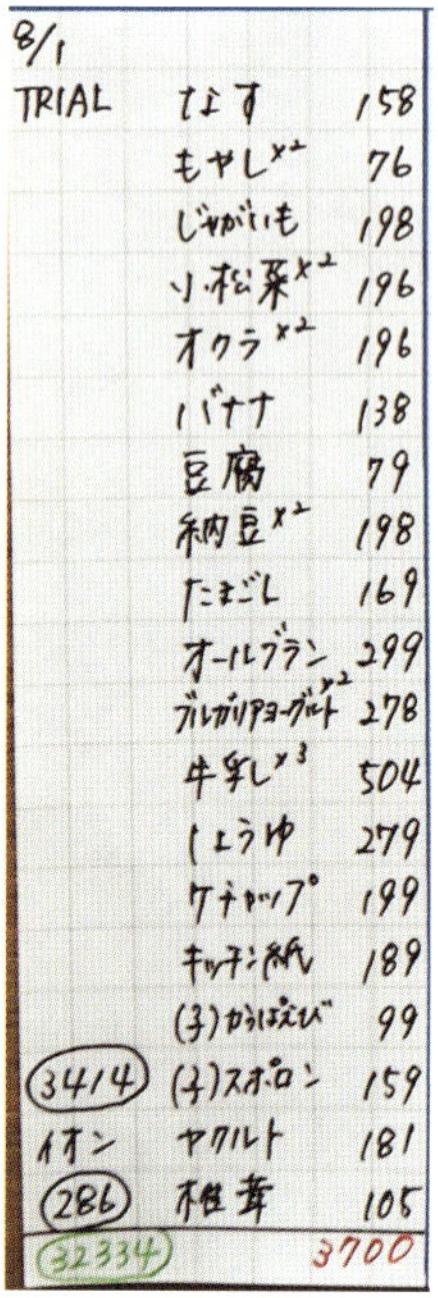

8月1日の支出を
知りたい項目に
当てはめていきます。

2 その日購入した項目にマーカーで目印をつける

家計簿を見ながら、支出があった項目にマーカーを引きます。8月1日の我が家は、野菜、果物、豆腐・納豆、きのこ類、たまご、シリアルなどを購入しています。

Let's Try!

づんの集計用ノート活用術

3

それぞれの支出金額を書く

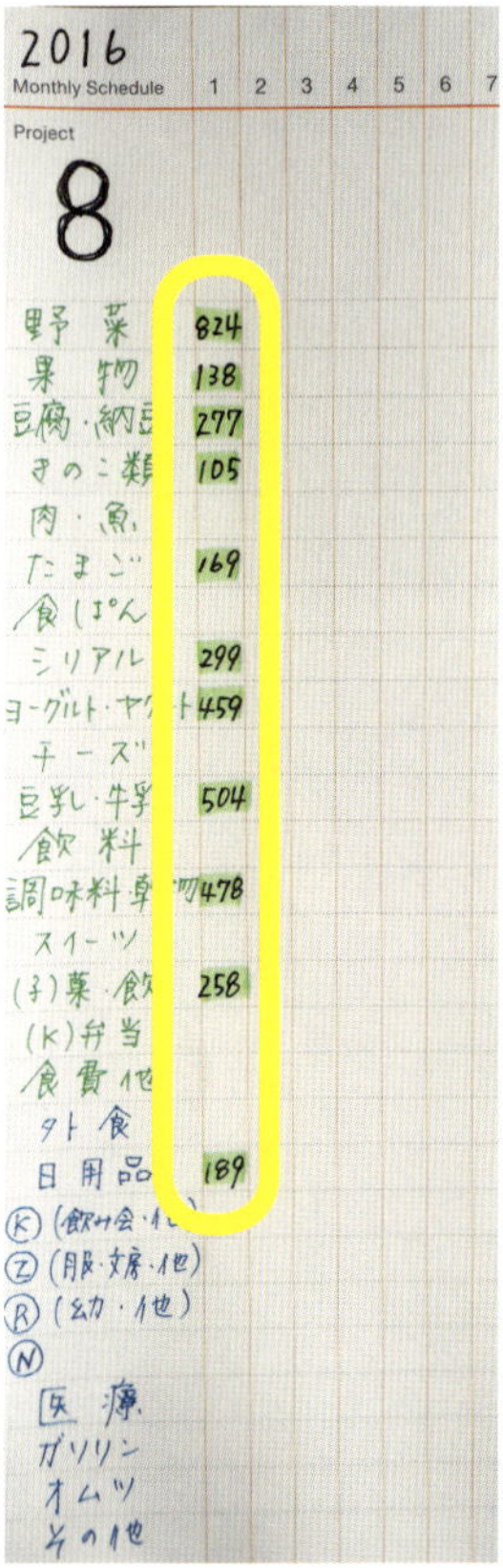

続いて、値段も書き込んでいきましょう。マーカーの目印があるので書き漏らしも防げます。月末には横軸に沿って数字を足していくだけで項目ごとの集計ができます。

4

1日の合計金額を書く

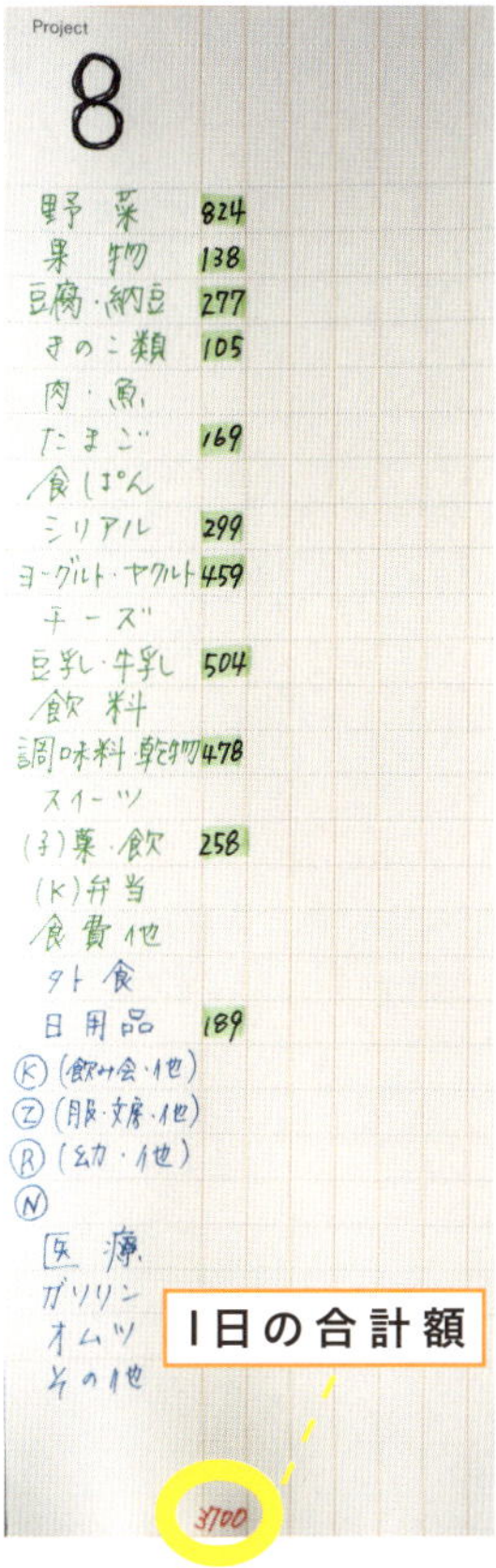

1日の買い物を書き終えました。ここで間違うと月の集計金額もずれてしまうので、レシートと比較確認を行ってください。
下の余白にはその日の合計支出額を書きます。

5

Finish!

店名を埋めたら完成

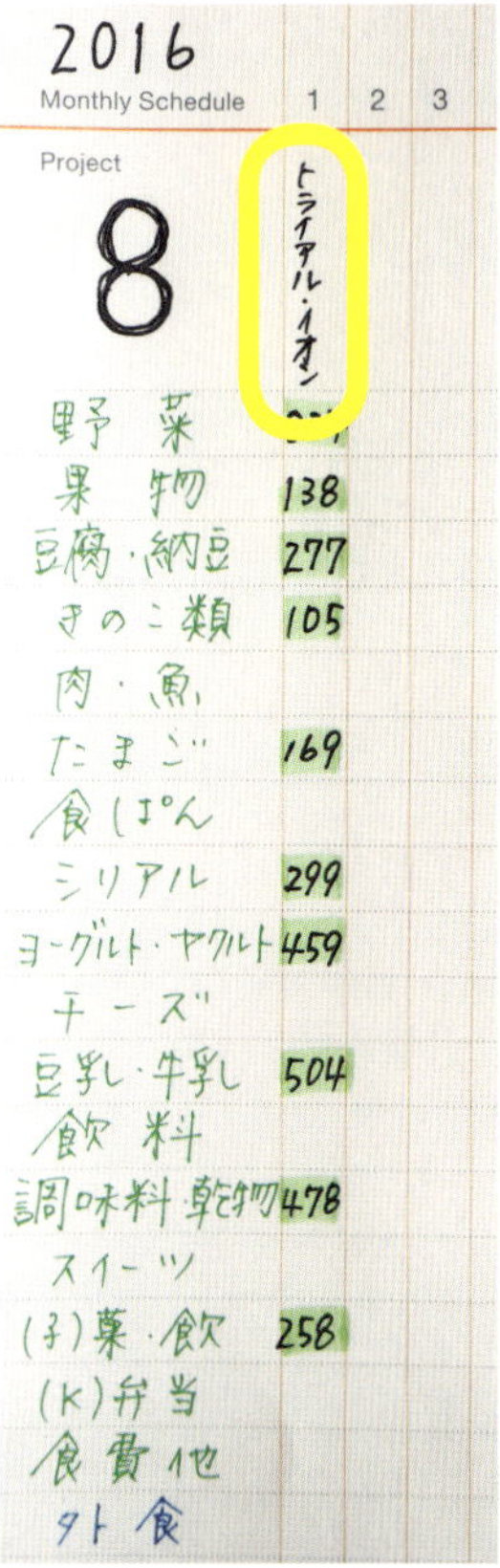

最後に、上の空欄に買い物をした店名を書きます。複数の店で買い物をした際も、どの店で何を買った、などは区別しなくてOK。この＋α作業を日々忘れずに記入していくのみ！月末は横に足していくだけです。

続けられる家計簿とは？

私が家計簿を公開しているインスタグラムには「今まで家計簿が続きませんでした」「携帯アプリですら三日坊主」というコメントがたくさん寄せられます。実際、20歳以上の男女約3000名が対象となったある調査によると、男性の5割強、女性にいたっては7割強が家計簿挫折経験者なんだそうです。

実は私もそのうちのひとり。でも、だからこそ「づんの家計簿」は誰にでも続けられるしくみになっていると私は自信を持っています。

書き方を紹介しただけでは、づんの家計簿がなぜ続けられる家計簿なのかわからないかもしれませんが、書き方ひとつひとつに意味があり、工夫があります。

「づんの家計簿」の特徴は、「続けられるための3つのない」があること。

ひとつめは「ストレスがない」。

2つめは「面倒がない」。

3つめは「イライラしない」。

皆さんがこれまでに使ってきた市販の家計簿との違いや、どうして続けやすいかを知ってもらうことで、家計簿への気持ちがポジティブになると思います。

続けるための3つの「ない」

3
イライラしない

お金をコントロールできるようになるので、未来への不安ともおさらば！

2
面倒がない

しなければいけないことは本当にちょっぴりだけ。大変な作業はゼロ。

1
ストレスがない

最初から自分好みに合わせて作れるので、当然ストレスフリー。

続けるためにストレスをなくす

私が家計簿を続けられなかった理由は何かを考えてみると、結局ちょっとしたことが重なったのだと思います。あるとき、どんなことがいやだと思っているのかを書き出してみました。すると、次のようなものが浮かびました。

「あらかじめ決められた項目に当てはめて記入しなければいけない」「決められたスペースの中で記入しなければいけない」「空白の部分があると、完成していないような気持ちになる」「書くのをあきらめてレシートを貼り付けたら印字は消えるし、かさばって見栄えも悪い」などです。

書き出したたくさんのストレスを見て、どうやったら解消できるかな？ と考えた結果、枠取りから自分で決める自由なオリジナルの家計簿を作ればいいと思い立ちました。

そこで生まれたのが「づんの家計簿」です。次ページから、づんの家計簿があなたをどんなストレスから解消してくれるのかを説明します。とはいえ、ストレスの感じ方は人それぞれなので、自分の中で問題点を見つけたら何らかの対策を立てて試してみてください。そうした試行錯誤を繰り返すことが、自分にとって使いやすい家計簿作りに繋がるのではないかな、と思います。

1

余白は自分の好みの幅で

市販の家計簿を使用する中で、実はストレスになっているのが記入欄の幅。広すぎると家計簿を活用しきれていない気持ちになりますし、狭いと書きたいことが書ききれず、イライラが募ります。

「づんの家計簿」なら、自分の文字の大きさや、普段の記入量を考えながら、好みの高さ&幅にすることができます。はじめは私と同じように、A5のルーズリーフを4等分にして、そこから自由に調節してみてください。一番自分が書きやすく、見やすい高さ&幅で家計簿が書けます。些細なことですがグッと継続率があがりますよ。

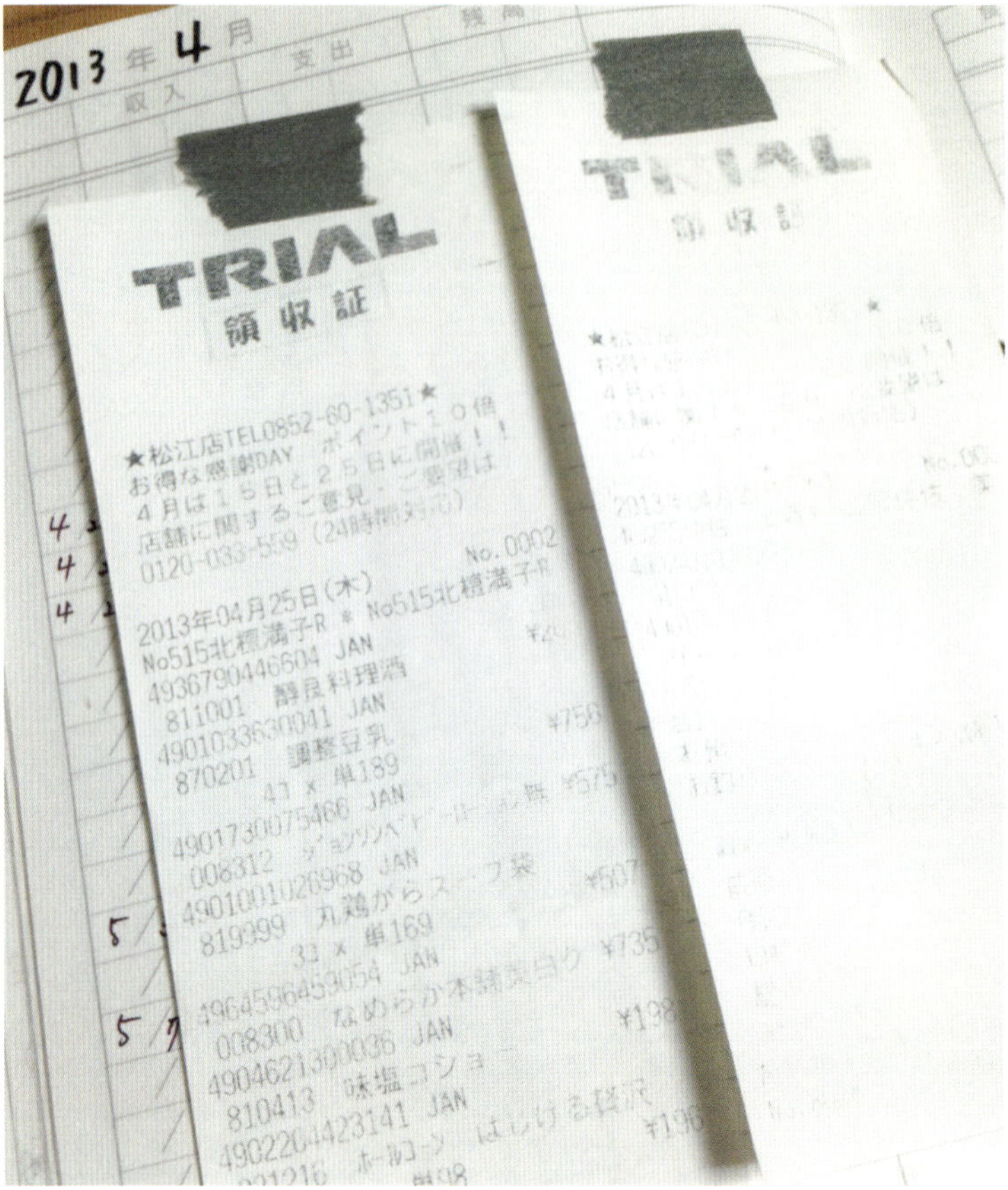

2 レシートは貼らない

「一品ずつ書き出すのは面倒。直接レシートを貼り付けちゃおう！」というのは誰もが通る道です。私もやったことがあります。

でも、残念ながらレシートは貼るだけで満足してしまい家計の把握にはなりませんでした。また、後から見直そうとしても写真のように印字が消えて見えにくい場合があります。あのとき買ったものが知りたい、値段が知りたい！と思っても確認できなければ意味がありません。かさばったり、レシート自体の余白が目立って見栄えを損ねる点もマイナスです。

COLUMN

ときめく文具を使おう
～づんのお気に入りアイテム～

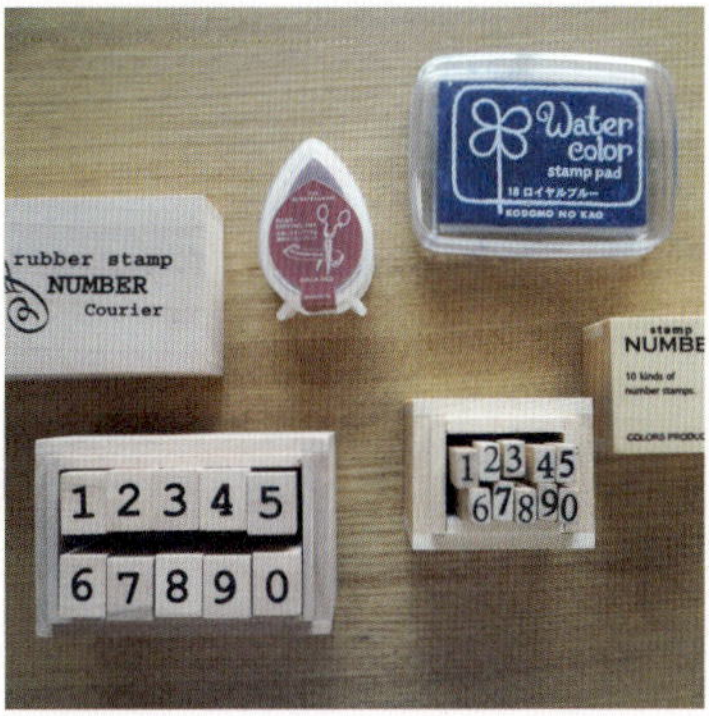

スタンプ

づんの愛用数字スタンプとインク。心にゆとりがあるときに、自分が知りたいことをまとめた表を作ると家計の把握が進みます。

ふせん

左は無印良品、右はダイソーのもの。月のはじめに、お金を使いそうな予定と金額を書いて家計簿に貼っておくと、ほかのメモと区別がつきやすく便利です。

マスキングテープ

左がカモ井グラデーション、右が無印良品のもの。マスキングテープは、手作りインデックスを作るときによく使用しています。

まず1年ただ書いてみる

家計簿を書きはじめると、多くの人がはじめてわかる家計の実情にショックを受けてしまいます。赤字続きの現実から目を背けるために、家計簿を放棄したくなるかもしれません。でも、家計簿を書くだけで確実に家計をコントロールする材料がそろっていきます。

はじめは何を把握すればいいのか、それすらわからないと思います。意味がわかっていなくても、まずは私の家計簿の真似をするだけでOK。とにかく書いてみましょう。1か月経てば、ひと月の情報では家計の把握ができないことに気が付くと思います。

お金の流れが掴めるのは1年後くらいでしょうか。「年末年始は忘年会や新年会でお金がかかるんだ」「夏と冬は暖房代と冷房代が3000円くらい高いな」「この月はボーナスが出る」「車検、忘れがちだけど結構高額だ！」とありとあらゆる気付きがどんどん得られて、自然とやりくり上手になっていくはずです。

お金をコントロールできると将来への漠然とした不安感から解放されて、毎日を楽しく過ごすことができます。まずは出費を全て書いて、月末に赤字か黒字かを確認することからはじめましょう。

STEP
1

書くクセをつける

家計簿をはじめて最初の1年間は、書くクセさえつけられればOK。絶対に書いてほしいことは3つです。ひとつめは「紙に基本のケイ線を引く」。2つめは「買い物をしたらレシートを書き写して財布の残金と支出にずれがないか確認する」。3つめは「総収入から総支出を引いて赤字か黒字か把握する」。とにかくこれだけ続けましょう。続けるうちに、支出を抑えられそうな部分に気付いたり、細かいことにも関心が出てきたりと、自然とステップアップできます。1年も経てば家計の全貌が把握でき、家計も黒字計上に近づいているはずです。

STEP 2

使える「枠」を知る

使える「枠」は変動させない！

収入 −（固定費＋天引き貯金）

→ 収入の上下で使える金額の幅を広げると使いすぎてしまい、赤字になることも…

そこで…

1年のうち一番低い収入 −（一番高い月の固定費＋天引き貯金）＝使える「枠」

↓ 低めに設定！

あらかじめ低めに設定しておけばさまざまなイレギュラーにも対応可能

光熱費が高い8月や12月などの月の固定費を目安にすると、より「枠」が低く設定できる

低めに「枠」を設定すれば黒字も生まれやすく、貯金もしやすい！

家計をやりくりするために大切なのは、まず1か月に生活費として使える金額、すなわち使える「枠」を把握することです。枠は、収入から固定費と毎月天引きされている貯金を引いて算出します。毎月この決めた枠でやりくりして生活水準を安定させていくことで、生活習慣のように感覚が身に付き、自然と黒字へと結果も表れてきます。

収入が変動する家庭は、一番低い収入月から固定費を引いたものを予算にします。収入が多い月は大きな黒字になり自然と貯金額が増えるしくみです。

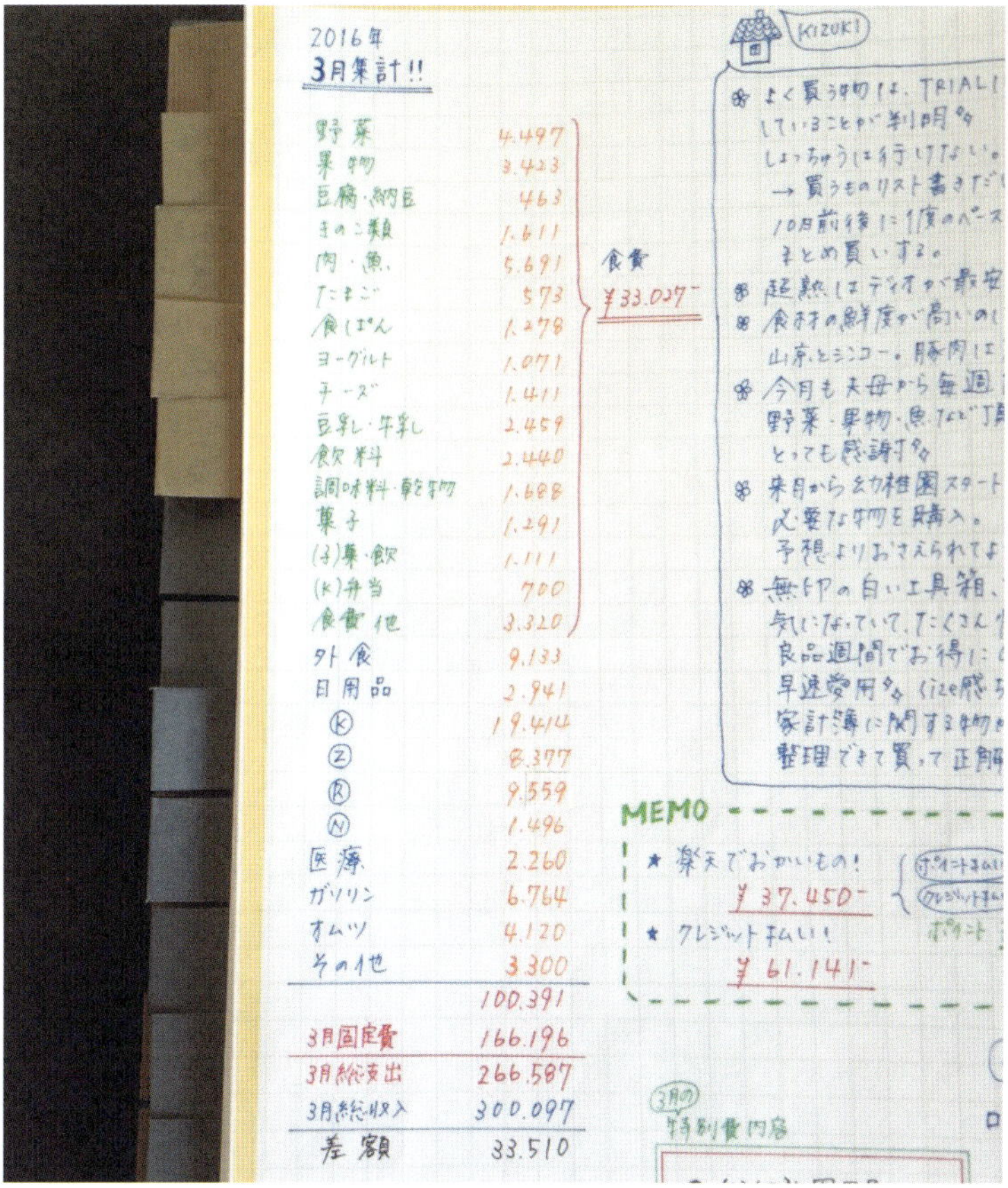

STEP
3
集計は気になるところのみ

集計は、総収入マイナス総支出で黒字か赤字かの確認ができればじゅうぶん。もし、知りたい項目が出てきたら集計用ノート（70ページ参照）を使用しながら詳しい集計してみましょう。

私は「野菜、果物」と細かく項目分けしていますが「食品、日用品」のような大きな項目で集計するのももちろんOK。自由に、知りたいことだけを調べましょう。また、夏はアイスクリーム代について知りたい！など、季節限定の項目を作るのもよいですね。興味のない項目は、「その他」にまとめて集計すれば項目分けに悩むこともありません。

Part 03

家計簿で把握できること

「づんの家計簿」をつけることで、日々のお金の流れ以外にもさまざまなことが把握できます。

まず、毎月いくらの固定費がかかっているか。固定費は子供の成長やライフステージによって変化するので、常に現状を知っておきたい数字です。

ほかにも1年間のイベントや交際費でかかるお金＝特別費などが把握できるので、将来に向けて具体的な準備がしやすくなります。

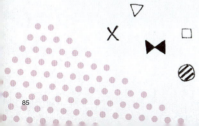

特別費がどれくらいかかるかを把握

日々の生活費とは別の枠で考えている特別費。我が家の財源は毎月の生活費の黒字部分とボーナスを中心に、ご祝儀などです。

使い道は、冠婚葬祭費、イベント費、車検のような1年に一度の大きな支払い、旅費（移動費、宿代、テーマパーク料金、お土産代のみ。食費は普段と同じく生活費です）など。

特別費は生活費と別計上なので、支出があっても日々の生活が圧迫されることはありません。でも、特別費を使い過ぎてしまえば当然家のお金は赤字になってしまいます。

そこで、私は年初めに特別費の予算表を作ることにしています。たとえば、家族の誕生日や実家への帰省費用、車検代、クリスマスや正月のようなイベント代は、ほとんど毎年支出するものなので、予測しやすい数字です。それぞれ想像より少し高めの金額にして予算表に、書き込みます。

特別費は、1年分を合計すると結構な金額です。「決まっているだけでもこんなにお金を使うんだ」と思ったら、一時の欲求で散財することはなくなるものです。

数字の予想ができなければ、予定だけ書き出しておきましょう。また、新たな予定が立ったらその都度書き足します。

特別費にしているもの

冠婚葬祭

友達の結婚式や出産祝い、香典なども特別費から支払います。年間でどのくらいかかるのか、一番予測しにくいお金でもあるので、いざというときのために特別費には余裕を持たせておきたいものです。

車関係

2年に1度の車検は、案外高額。ですが、時期も値段もだいたい決まっているので特別費の予定表に書いておけば備えることができます。そのほか、オイル交換などの維持費、自動車税、自動車の保険費用もあります。

旅行

宿代、移動費、お土産代、テーマパーク代は特別費から支出します。でも、食事代は普段の外食費として生活費から出費。特別費だから！　とむやみに支出しないための、私なりの工夫です。

節目

たとえば子供の進学でも、学費だけではなく、制服や鞄をそろえたり……と、こまごましたお金がたくさんかかります。はっきりした金額は予測しにくいので、余裕のある予算をつけておくと安心です。

× 特別費にしていないもの

お出かけの食費

基本的に、旅行に関するお金（移動費、宿代、テーマパーク代など）は特別費から支払いますが、食事代だけは生活費の枠から支払います。なぜなら、なんでもかんでも特別費にすると羽目を外しすぎる可能性があるから。1か所でも普段の家計を意識するポイントがあると、楽しみながらも落ち着いた行動をとることができます。

医療費

私の暮らしている地域では子供の医療費は無料なこともあり、基本的に医療費は高額になりません。生活費の中でやりくりできる程度の支出なので、特別費にはしていません。

もちろん、入院や高額な医療費がかかる治療の際は、特別から支出してもよいと思っています。

＼Check!／

特別費は年間を通して1か月ごとに上書き合計で把握する

1か月の記入が終わったら集計作業を行います。その後、別紙にその月の特別費を書き出し、月の合計とそれまでの上書き合計を出しましょう。

実際特別費を書き出していくと、月によって支払いが多い月や少ない月とばらつきがあるので、家計簿と同様に、余白を自由に使って書くようにしています。

↓

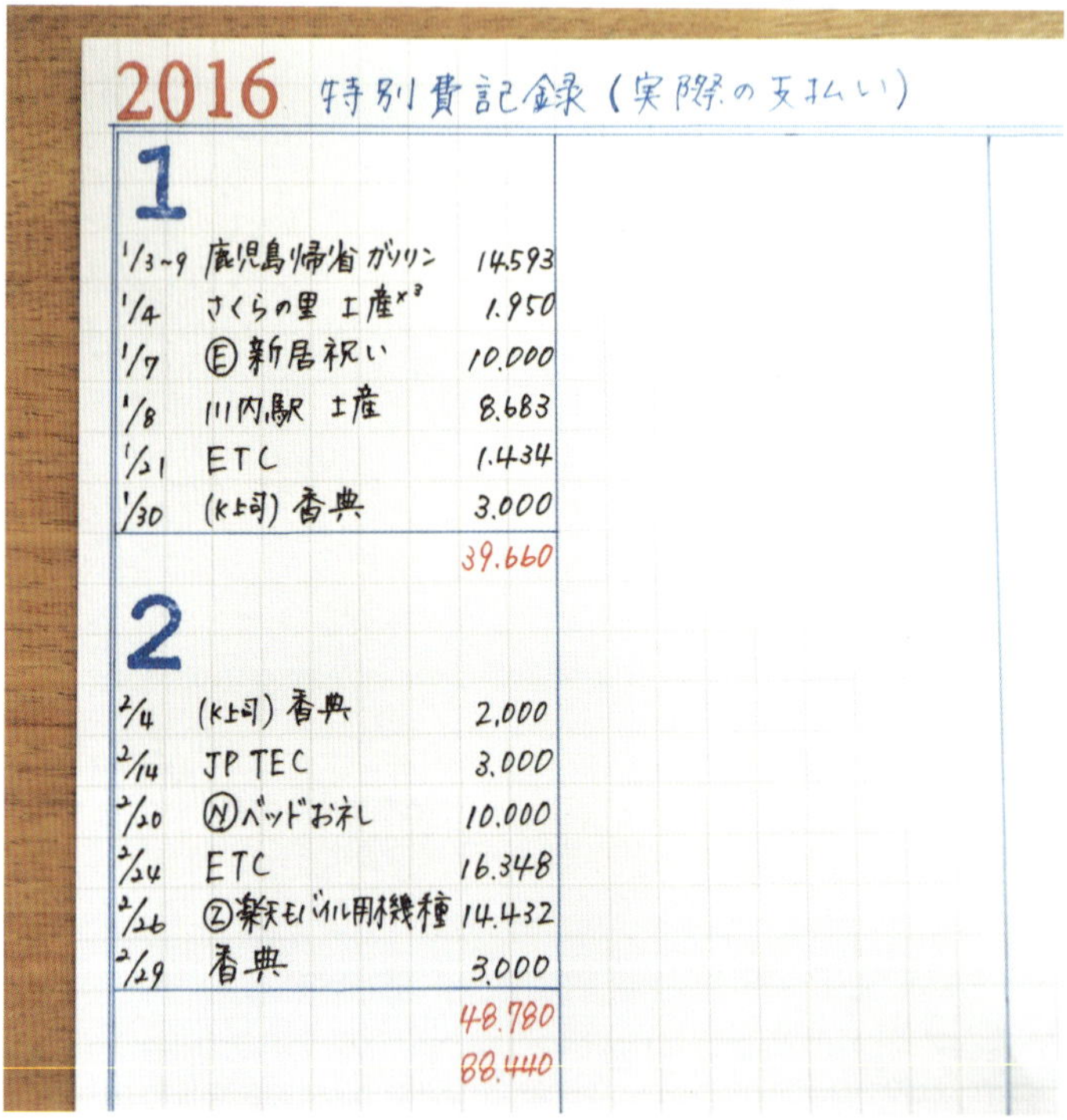
2016 特別費記録（実際の支払い）
1
1/3~9 鹿児島帰省 ガソリン 14.593
1/4 さくらの里 土産×3 1.950
1/7 Ⓔ新居祝い 10.000
1/8 川内駅 土産 8.683
1/21 ETC 1.434
1/30 (K上司) 香典 3.000
39.660
2
2/4 (K上司) 香典 2,000
2/14 JP TEC 3.000
2/20 Ⓝベッドお礼 10.000
2/24 ETC 16.348
2/26 ②楽天モバイル用機種 14.432
2/29 香典 3.000
48.780
88.440

1月　2月

39,660 + 48,780 = 88,440

1月は、39,660円。2月は48780円の特別費を支出しました。2月の合計金額の下に、88,440と書いてあるのは1月と2月の上書き合計です。見てわかるとおり、特別費は高額の支出になるので、しっかり把握したい数字です。

3月（例）

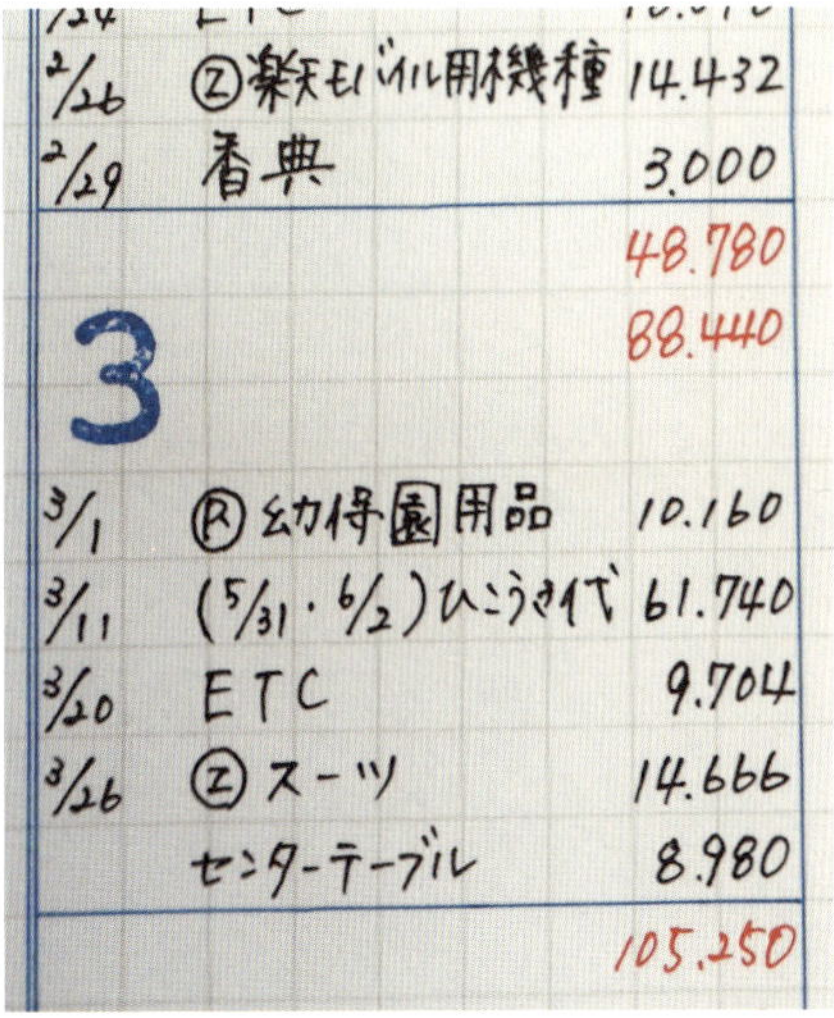

2/26	ⓩ楽天モバイル用機種	14.432
2/29	香典	3.000
		48.780
		88.440
3		
3/1	Ⓡ幼稚園用品	10.160
3/11	(5/31・6/2)ひこうき代	61.740
3/20	ETC	9.704
3/26	ⓩスーツ	14.666
	センターテーブル	8.980
		105.250

←

4月（例）

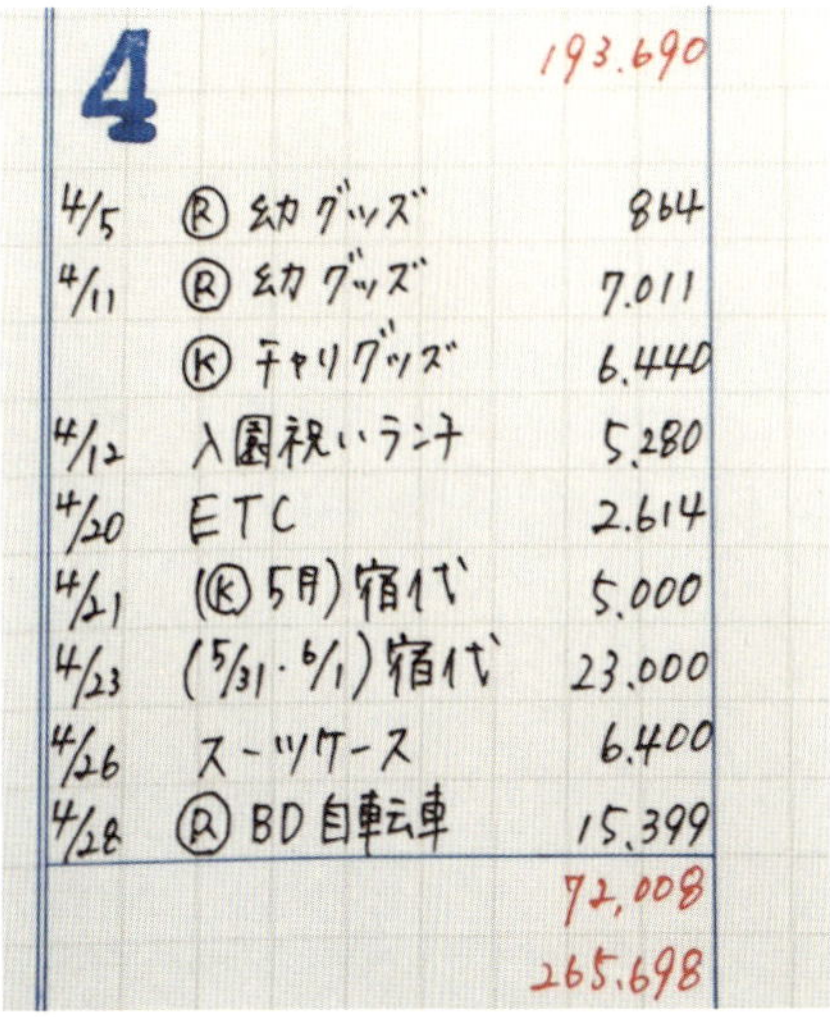

4		193.690
4/5	Ⓡ幼グッズ	864
4/11	Ⓡ幼グッズ	7.011
	Ⓚチャリグッズ	6.440
4/12	入園祝いランチ	5.280
4/20	ETC	2.614
4/21	(Ⓚ5月)宿代	5.000
4/23	(5/31・6/1)宿代	23.000
4/26	スーツケース	6.400
4/28	Ⓡ BD自転車	15.399
		72.008
		265.698

5月（例）

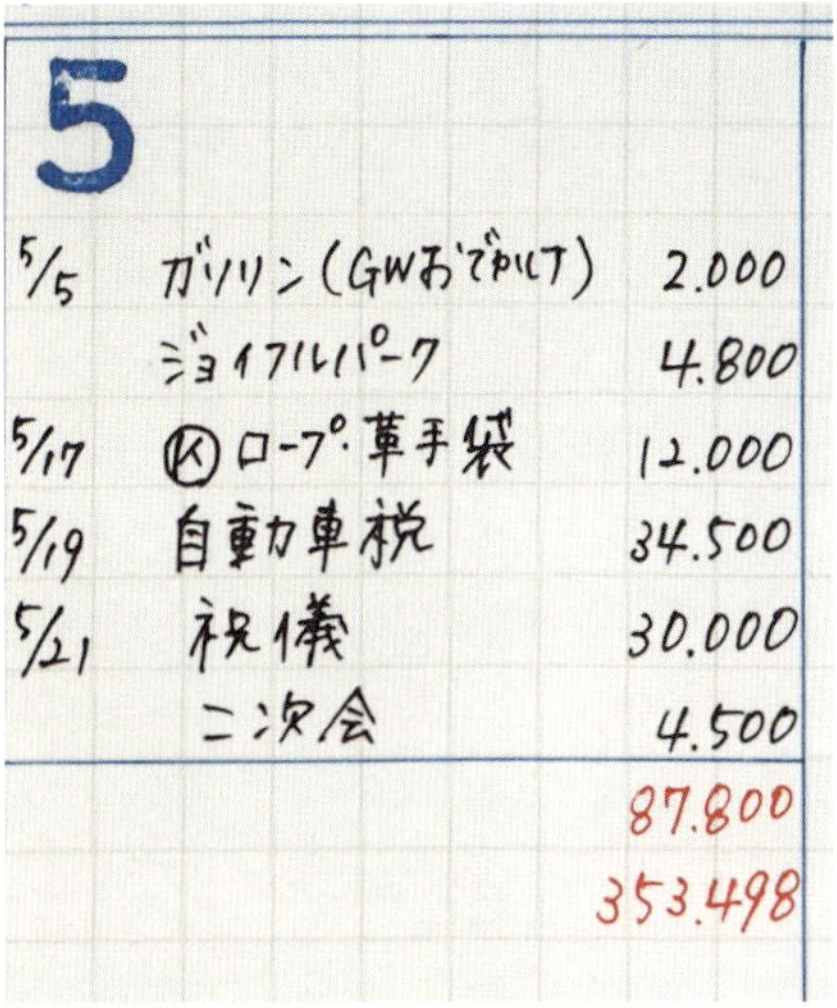

5		
5/5	ガソリン(GWおでかけ)	2.000
	ジョイフルパーク	4.800
5/17	Ⓚロープ・革手袋	12.000
5/19	自動車税	34.500
5/21	祝儀	30.000
	二次会	4.500
		87.800
		353.498

←

6月（例）

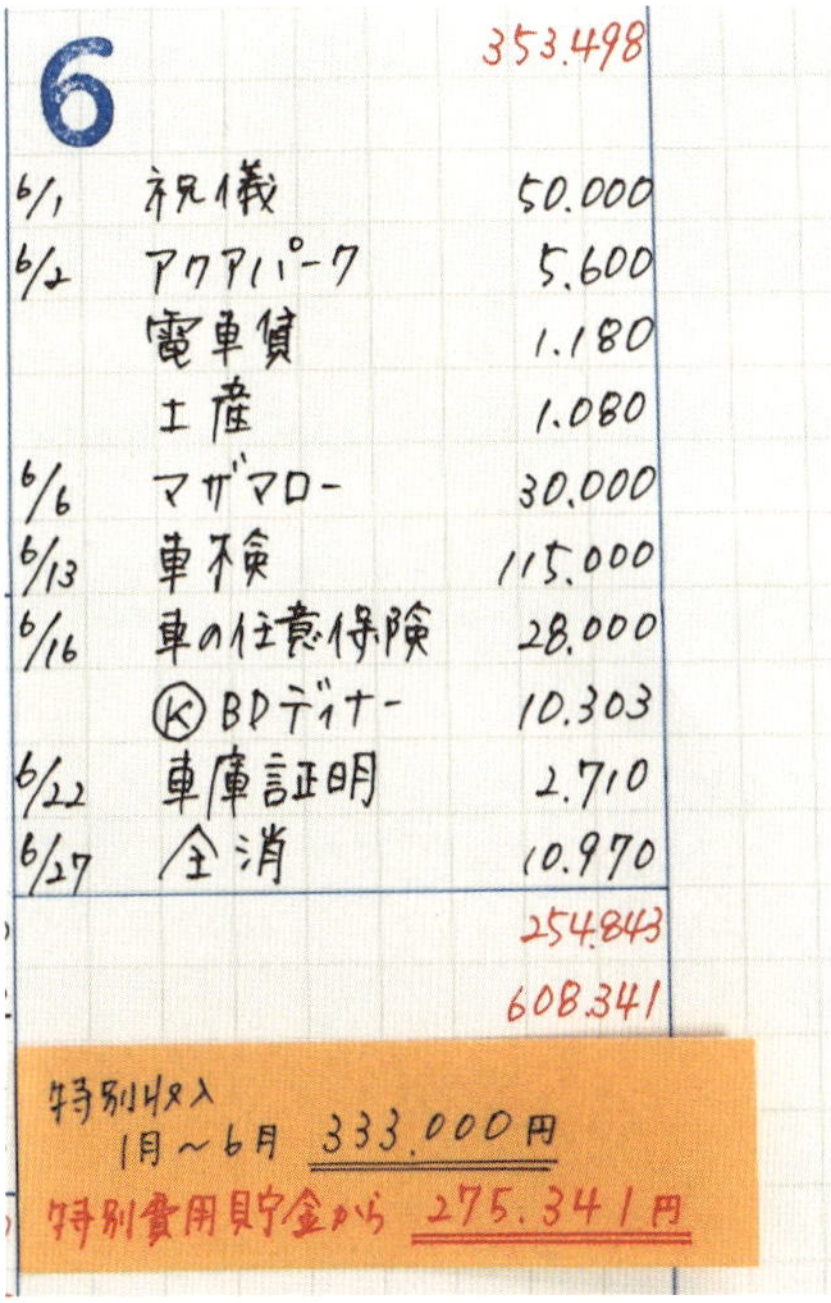

6		353.498
6/1	祝儀	50.000
6/2	アクアパーク	5.600
	電車賃	1.180
	土産	1.080
6/6	マザマロー	30.000
6/13	車検	115.000
6/16	車の任意保険	28.000
	ⓀBDディナー	10.303
6/22	車庫証明	2.710
6/27	全消	10.970
		254.843
		608.341

特別収入
1月～6月 333.000円
特別費用貯金から 275.341円

特別費記録表には、特別費の支出だけではなく特別収入（ボーナスや家計の黒字部分など）も書いています。

1年間の上書き合計を終えると、お金の流れがわかり、来年度の予算が立てやすくなります。

貯金を把握し、ボーナスは特別費に

私の頭の中で、貯金には２つのタイプがあります。ひとつめは今すぐ手を付けない貯金。給料から天引きしている財形貯蓄や、保険会社に積み立てているお金がこれにあたります。これらは、満期になるか解約しないと使えませんが、毎月定額を支払うことで、未来の自分への大きな手助けとなります。貯金リストを作り、累計金額を先読みすると、将来設計もしやすくなります。

２つめは生活の中で使うための貯金です。これが、特別費にあたります。財源は毎月の黒字額、ボーナスを中心に、ご祝儀など。ボーナスがない場合は、毎月の収入からいくらかを特別費の「枠」にすればよいでしょう。

将来、給料やボーナスの額が上がった場合は、臨時にすぐ対応できるように、備えておきます。収入がアップしても、それに合わせて生活水準を上げてしまえば貯金は増えません。また、ライフステージの変化によって臨時支出も増えるので、いざというときに使うことができる特別費を増やしておくと安心だと思います。

貯金を2種類に分けることで、現在から未来までのお金の見通しが立ち、計画的にお金を使うことができます。

・天引き貯金
・学資
・保険会社に積み立て

ひとつめの、今すぐには手を付けない貯金です。
貯金している実感を持ちにくいので、貯金リストを自作して可視化しましょう。こうすることでやる気もアップします。

＋

・臨時の支払い
・特別費

2つめの、生活の中で使うための貯金です。
いざというときのために、年初めの予算も余裕を持たせて立てましょう。

家計簿の目的は「貯金」ではなく「把握」

多くの人は家計簿をつけはじめてから、月の支出を把握します。最初の頃は予想する支出額と、実際に使っているお金の間に大きなずれが生じるので、なかなか黒字にはなりません。ですが、毎月素直に支出を書き出し、家計と向き合っていくことで、それは自然に解消されていきます。

また、予算と実際の支出額のずれは、特に特別費で起こりやすいものです。生活費が月にいくらかかっているかなんとなくわかっている人でも、1年間の特別費がどのくらいかかは、なかなか予測できません。特別費記録表（90ページ参照）を作って、1年間にどのくらいかかるのかきちんと把握することが大切です。

お金の流れがわかることでブラックボックスがなくなり、将来を見通せるようになります。やみくもにお金を使うことがなくなるので、自然と貯金もたまります。家計簿をつける目的は「家計を把握すること」。それが「づんの家計簿」の目的です。

1

毎日いくら使っているか把握していくと使いすぎを防げる

2

天引きで今どのくらいたまっているか把握しなければこれからが見えてこない

3

生活費以外にかかるお金を把握しなければ赤字になる

4

何にいくら使ったか、項目ごとに把握することで、改善点が見える

5

何がいくらなのか把握していくと賢い買い物に繋がる

予算を把握し、出ていくお金をやりくり

我が家の収入は、毎月一定の金額ではないので、収入の少ない月は、予算自体が少なく憂鬱に。逆に多い月は余裕を感じて散財してしまい、どちらも赤字になりがちでした。

あるとき、「収入に左右されない予算を立てれば、月ごとにやりくりを変えなくて済むから、家計が安定するのではないか」と考えました。すぐに一番少ない月の収入から、固定費を引いた低めの予算を出してみました。当時の生活費の平均を5万も下回る金額だったので、不安でしたが「これで収入によってやりくりを変える必要はなくなる。月によっては貯金＝特別費用も増える」と考え、頑張ってみることにしました。

数か月間、上書き合計を意識しながら決められた予算内でやりくりできるよう努めた結果、黒字の月が増え、最終的にはそれが当たり前になりました。

この方法は、給料の変動がない家庭にも通じます。毎月共通の低めの予算で暮らすことが大切です。生活リズムのように支出の加減が身に付き、買うものの優先順位などもわかってきます。

低めの予算を決め、生活水準を一定に保って、出ていくお金をコントロールしましょう。

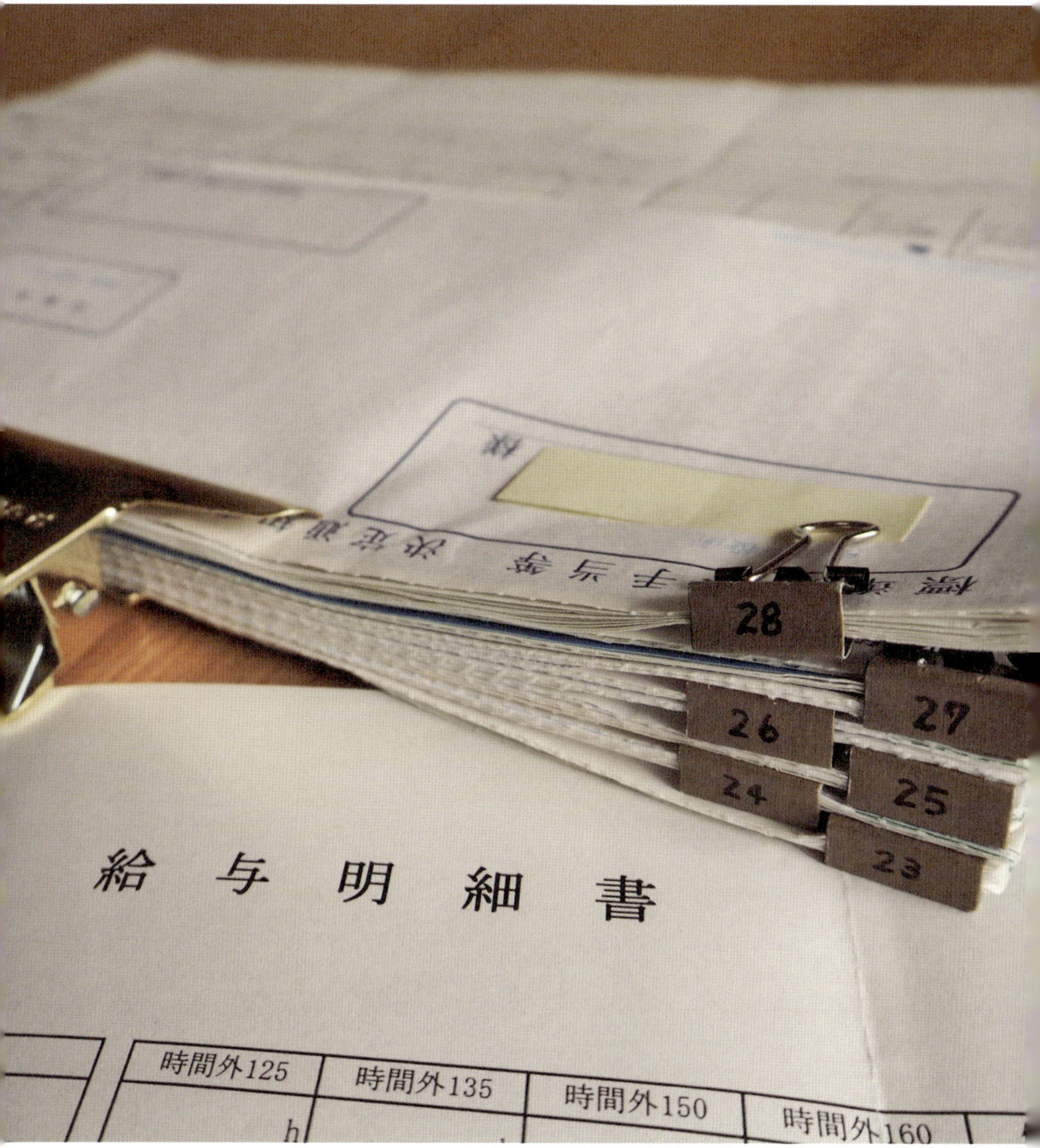

難しいことは考えず、月の予算の中で収めることだけを意識しましょう。シンプルに考えます。

予算とやりくり

生活費は使おうと思えばいくらでもふくらんでいきます。少なめの金額を目標にしてやりくりしてみましょう。「こんな予算で大丈夫?」と不安に感じるかもしれませんが、その金額に慣れてしまえば、それなりのお金の使い方が身につきます。

私は、将来収入が上がったとしても生活費の予算は上げずに、そのままの生活水準を保とうと思っています。収入に合わせて予算を上げてしまえば、貯金は増えません。低予算で暮らす術は身についているはずなので、その状態をキープします。

今まで15万でやりくりしていたのに、それを12万円にすると考えると大変ですが、3万と思わず毎日1000円少なくすると考えてみてください。ついコンビニで余計なお菓子を買っちゃう、といった無駄をなくすだけで達成できます。

低予算でやりくりすると、貯金以外にも嬉しい効果が得られます。私の場合は、必要最低限のものしか買わなくなったことで、家の中がスッキリして過ごしやすくなりました。新しいものをどんどん増やすのではなく、今あるぶんでどれだけ対応するのか。それはお金だけではなく、生活全体に通じる考え方なのです。

\Start!/

1日

今月の給料日を気にせず、予算でやりくりスタート!

15日
給料日

赤字にしない対策

給料日に収入から固定費を引いて月に使えるお金を調べると「まだこれだけ余裕がある」と、どんどんお金を使ってしまいます。予算を立てたら給料は気にせず、予算のことだけを考えてやりくりしましょう。無意識ですが油断が生まれてしまうため、私は給料から固定費をひく作業も月末まで行いません。

また、赤字を生み出してしまう一番の原因は家計の把握不足です。私の経験上、家計簿をつけはじめて数か月は赤字が続いてしまうと思います。でも、そこで目を背けずに家計と向きあえばきっと無駄なことが見えてくるはず。底値や自分の無駄遣いグセに気付くこともできます。まずは把握!そうすることできっと黒字になります。

月末

月末わくわく集計

/Finish!\

夫へはお小遣い制ではなくその都度制

ほかの家はどうしているんだろう？　と気になることのひとつに、家族の個人が使うお金の扱いがあると思います。妻が家計の管理をして、夫はお小遣い制という方も多いのではないでしょうか。

我が家は、夫が使いたいときに、その都度必要なだけのお金を渡すことにしています。以前は定額のお小遣い制でしたが、月によって使う金額が違うので、当然足らなくなる月もありました。「そんなときのために、あまり支出のない月のお金はどんどん繰り越してためればいいのに」と思うこともありましたが、毎日仕事をしながらお小遣いの管理までするのは大変。あるぶんをすっかり使ってしまう気持ちもわかるので、どう対応しようか考えていました。

また、息子の出産を機に私が専業主婦になったので、できるかぎりお金を貯えておきたいと考え出した時期でもありました。

そこで、お小遣い制からその都度制に切り替えると、家計の出費は過不足のない必要量の出費ですむようになりました。また、夫が何にお金を使ったのかも把握できるので、それも家計簿に書き出すことに。夫自身「そういえばこれを買ったんだ」「飲み会代、1年単位でみるとこんなに使って

いるんだな」と自分のお金の使い方を確認するようになりました。

実はこれがとても大切なこと。家計簿を見れば、誰でもお金の動きが見える状態にしておくと信頼関係が強くなります。欲しいものを相談し合えたり、マイホームやマイカーなど、大きな買い物のときは、目標に向かって一緒に努力する一体感も生まれます。お金を管理している人だけが把握して努力しても、パートナーが同じくらいの意識を持ってくれないと、相手の支出にいちいち不満を抱えるようになると思います。

ひとりで頑張ろうとせず、月に一度、家族に家計簿を見せながらやりくりの結果を報告して、情報の共有をしてみましょう。家族との関係も今より、もっとよいものになるはずです。

こんなものも一緒にあると便利！

ここまでに紹介したもの以外でも、私が普段の家計簿にプラスして作っている表がいくつかあります。

①翌年の支出を予測するのに役立つ「電気・ガス・水道費一覧」

②感謝の気持ちを込めた、お返しのし忘れを防げる「お祝いリスト」

③１年単位で家計を振り返ることができる「１年決算」

④特に小さなお子さんがいるご家庭におすすめな「子供たちの貯金リスト」

⑤やっぱり細かく知っておきたい「給与一覧」

次のページから、すでに紹介している貯金リストと、特別費予算表の復習と合わせて簡単に説明していきます。

ただしあくまでも、これらは全てプラスアルファの作業になるので、心と時間にゆとりがあるときに試してみてください。

また、把握したいことはそれぞれの家庭によって違うと思います。これから紹介するのは、私が家計簿をつけるうえで知りたい、把握しておきたいと思ったものです。自分が知りたい！と思うことに合わせてオリジナルの表を作ってみるのも楽しいと思います。

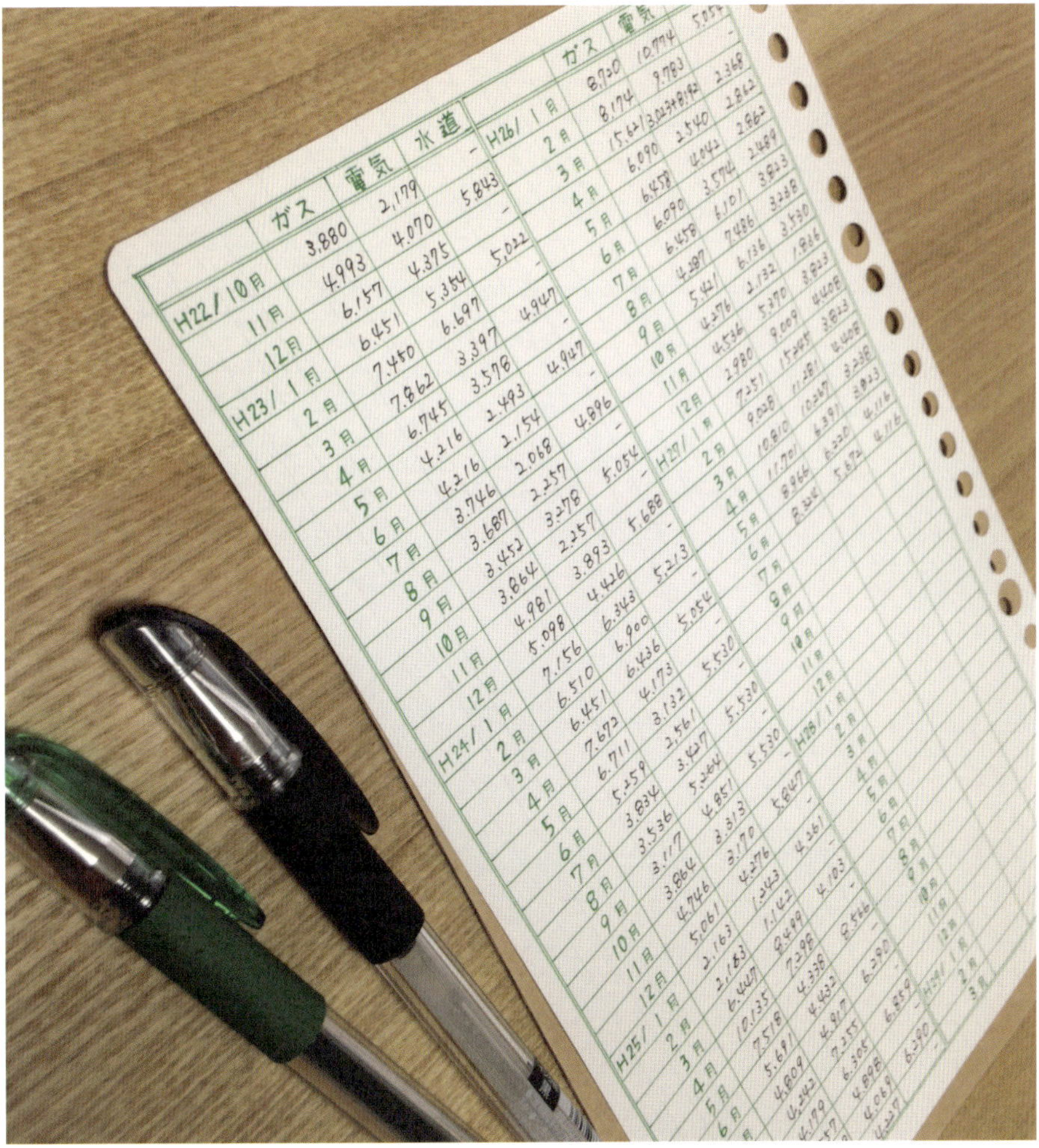

1 電気・ガス・水道費一覧

ガス・電気・水道代などの光熱費。固定費の中に含まれていますが、価格が変動しますよね。しかもこれらは、季節によって大きく変化します。そこで、毎月の料金を一覧にしておくと便利です。私は、「何年の何月」とガス、電気、水道の欄があるフォーマットを作っています。

これがあると翌年「そろそろエアコンをつける月だな、去年はいくらくらいかかっただろう？」と確認できるようになります。家計簿を見返しても当然書いてあるのですが、全ての月を一度に見られると料金の波もわかるのでおすすめです。

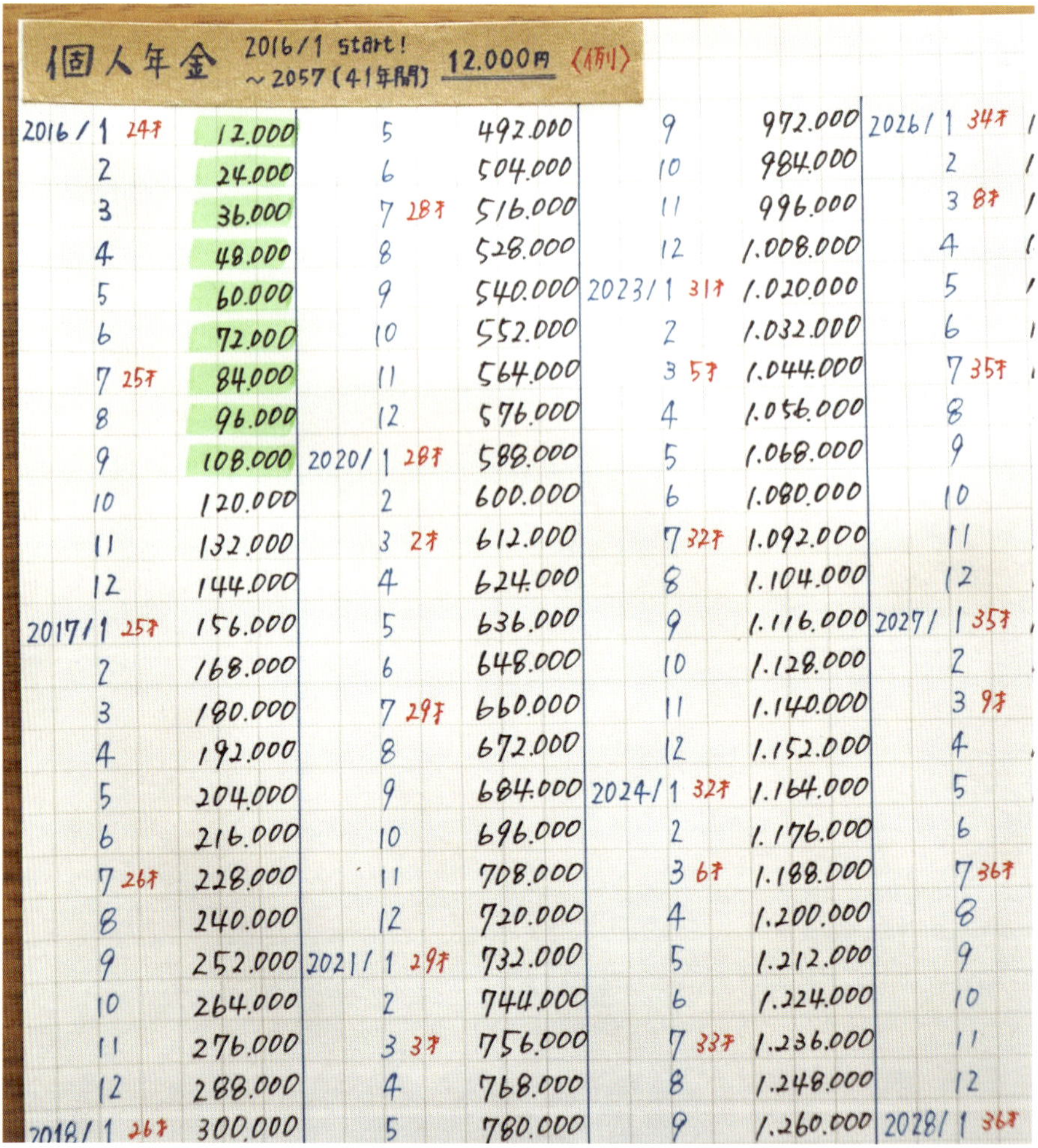

個人年金 2016/1 start! ～2057（41年間） 12.000円 〈例〉

2016/1	24才	12.000	5		492.000	9		972.000	2026/1	34才
2		24.000	6		504.000	10		984.000	2	
3		36.000	7	28才	516.000	11		996.000	3	8才
4		48.000	8		528.000	12		1.008.000	4	
5		60.000	9		540.000	2023/1	31才	1.020.000	5	
6		72.000	10		552.000	2		1.032.000	6	
7	25才	84.000	11		564.000	3	5才	1.044.000	7	35才
8		96.000	12		576.000	4		1.056.000	8	
9		108.000	2020/1	28才	588.000	5		1.068.000	9	
10		120.000	2		600.000	6		1.080.000	10	
11		132.000	3	2才	612.000	7	32才	1.092.000	11	
12		144.000	4		624.000	8		1.104.000	12	
2017/1	25才	156.000	5		636.000	9		1.116.000	2027/1	35才
2		168.000	6		648.000	10		1.128.000	2	
3		180.000	7	29才	660.000	11		1.140.000	3	9才
4		192.000	8		672.000	12		1.152.000	4	
5		204.000	9		684.000	2024/1	32才	1.164.000	5	
6		216.000	10		696.000	2		1.176.000	6	
7	26才	228.000	11		708.000	3	6才	1.188.000	7	36才
8		240.000	12		720.000	4		1.200.000	8	
9		252.000	2021/1	29才	732.000	5		1.212.000	9	
10		264.000	2		744.000	6		1.224.000	10	
11		276.000	3	3才	756.000	7	33才	1.236.000	11	
12		288.000	4		768.000	8		1.248.000	12	
2018/1	26才	300.000	5		780.000	9		1.260.000	2028/1	36才

2 天引き・積み立て・保険・学資保険

54ページで紹介した貯金リストです。給料天引きの財形貯蓄や、保険会社の商品である学資保険、個人年金などは、預金口座のようにお金がたまる様子を確認することができません。そこで、「何年の何月にいくらたまるのか」「そのとき自分や夫、子供は何歳なのか"を表にまとめておきましょう。毎月支払いをしてから書き込むのは面倒なので、心と時間に余裕があるときに一気に書いてしまうのがおすすめです。

毎月支払いをする原動力にもなりますし、将来設計もしやすくなります。

※ P104-105、P106、P108-109、P111の表の内容は掲載用に書き下ろしたものです。

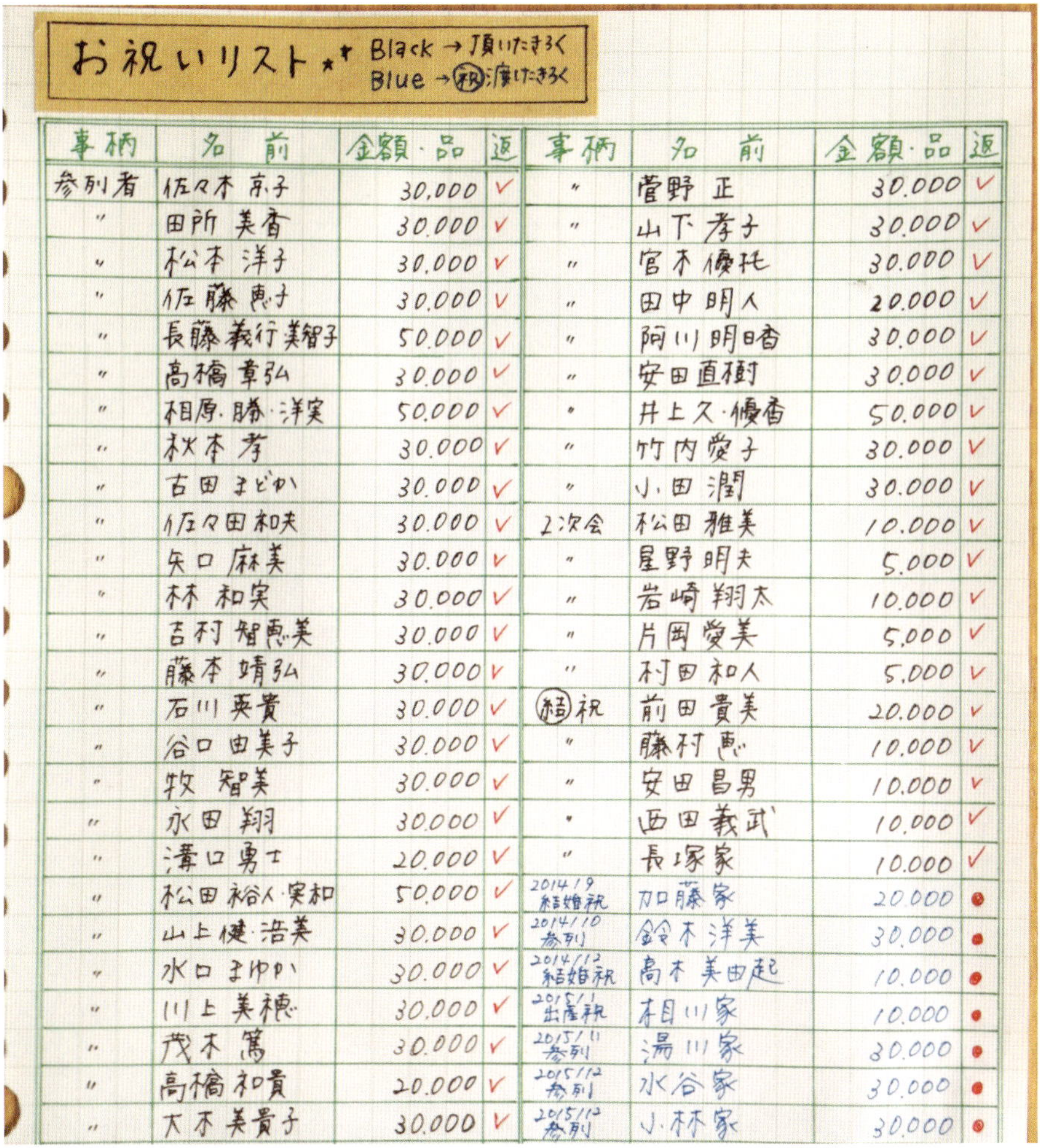
お祝いリスト
Black → 頂いたきろく
Blue → 祝 渡したきろく
事柄 名前 金額・品 返
参列者 佐々木 京子 30.000
〃 田所 美香 30.000
〃 松本 洋子 30.000
〃 佐藤 恵子 30.000
〃 長藤義行美智子 50.000
〃 高橋 章弘 30.000
〃 相原 勝・洋実 50.000
〃 秋本 孝 30.000
〃 古田 まどか 30.000
〃 佐々田和夫 30.000
〃 矢口 麻美 30.000
〃 林 和実 30.000
〃 吉村 智恵美 30.000
〃 藤本 靖弘 30.000
〃 石川 英貴 30.000
〃 谷口 由美子 30.000
〃 牧 智美 30.000
〃 永田 翔 30.000
〃 溝口 勇士 20.000
〃 松田 裕人・実和 50.000
〃 山上 健・浩美 30.000
〃 水口 まゆか 30.000
〃 川上 美穂 30.000
〃 茂木 篤 30.000
〃 高橋 和貴 20.000
〃 大木 美貴子 30.000
〃 菅野 正 30.000
〃 山下 孝子 30.000
〃 宮本 優花 30.000
〃 田中 明人 20.000
〃 阿川 明日香 30.000
〃 安田 直樹 30.000
〃 井上 久・優香 50.000
〃 竹内 愛子 30.000
〃 小田 潤 30.000
2次会 松田 雅美 10.000
〃 星野 明夫 5.000
〃 岩崎 翔太 10.000
〃 片岡 愛美 5.000
〃 村田 和人 5.000
結 祝 前田 貴美 20.000
〃 藤村 恵 10.000
〃 安田 昌男 10.000
〃 西田 義武 10.000
〃 長塚家 10.000
2014.1.9 結婚祝 加藤家 20.000
2014.1.10 参列 鈴木 洋美 30.000
2014.1.12 結婚祝 高木 美由起 10.000
2015.1.1 出産祝 相川家 10.000
2015.1.11 参列 湯川家 30.000
2015.1.12 参列 水谷家 30.000
2015.1.12 参列 小林家 30.000

3 お祝いリスト

人からお祝いをいただいたら、お返しをして感謝の気持ちを表しますよね。ただ、お祝いは集中して一度にたくさんの方からいだたくことが多いので、「あの方からもいただいていたのに、うっかり忘れていた！ 」なんてことにもなりがち……。

そこで、私はお祝いリストを作っておきます。いただいた品物や金額によってもお返しが変わると思うので、私は細かく書くようにしています。こうすることで、社交関係の不義理がなくなります。

4 子供たちの貯金リスト

出産祝いや進学祝いはもちろん、親戚からちょっとしたお小遣いやお年玉をもらうことも、よくありますよね。そこで、私は子供たちの貯金リストを作っています。

お返しのし忘れを防げるだけでなく、「私も、相手のお子さんがいくつのときはいくら渡そう」という参考にもなります。

子供の貯金は、子供のために使いたいもの。うっかり家計の中に取り込んでしまったなんてことがないように、きちんと分けて考えています。

2016
1月
2月
3月
4月
5月
6月
賞与
給料月額
扶養手当
住居手当
通勤手当
特殊勤務
休日勤務
時間外
児童手当
共済貯金
共済短期
共済厚生
共済退職
所得税
住民税
市共済・互助会費
市町村互助会掛金
生命保険
各課互助
振込額
平成28年
7月
8月
9月
10月
11月
12月
賞与
給料月額
扶養手当
住居手当
通勤手当
特殊勤務

5 給与一覧

家計簿には手取りの額しか記入しませんが、この一覧表はわかりやすいよう、給与明細に書いてある項目をそのまま表にしてあります。

給与明細ってそのまま残しておくと、束になってかさばるのでなかなか見返さないですよね。こうして表を作るようにしたら、それまで手取り金額の把握しかできていませんでしたが、どういう手当があって、どれくらい引かれているのかなどを自然と把握できるようになりました。そして何より夫が頑張って働いてくれていることへの感謝の気持ちが増し、改めてやりくりを頑張ろう！ という気持ちになれました。また、1年で給料の多い月、低めの月を比較しやすいので予算も立てやすくなります。

【予算】

【実際の支払い】

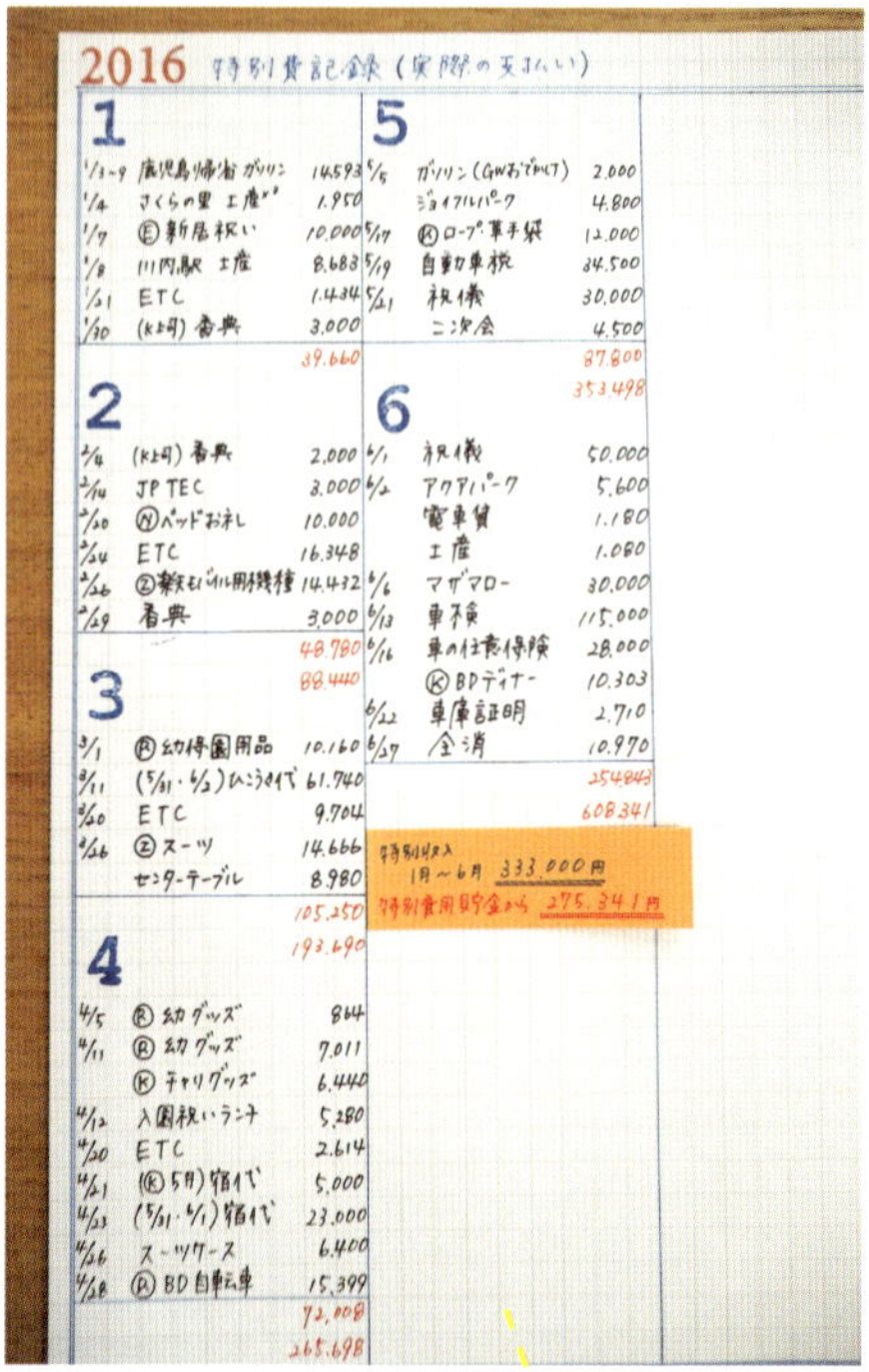

このように適宜
実際の支払い記録を
書いていく

6 特別費の予算と実際の支払い

家計とは別枠をとる特別費。家族の誕生日や車検代、実家への帰省費など、毎年決まっている支払いだけでも結構な金額になります。年初めに予算を立ててしっかり支出に備えましょう。

また、実際の支出があったら特別費記録表に書き込むことも忘れずに。年度末に予算と実際の支出を比べる作業をすると、年を追うごとに予算の精度があがります。

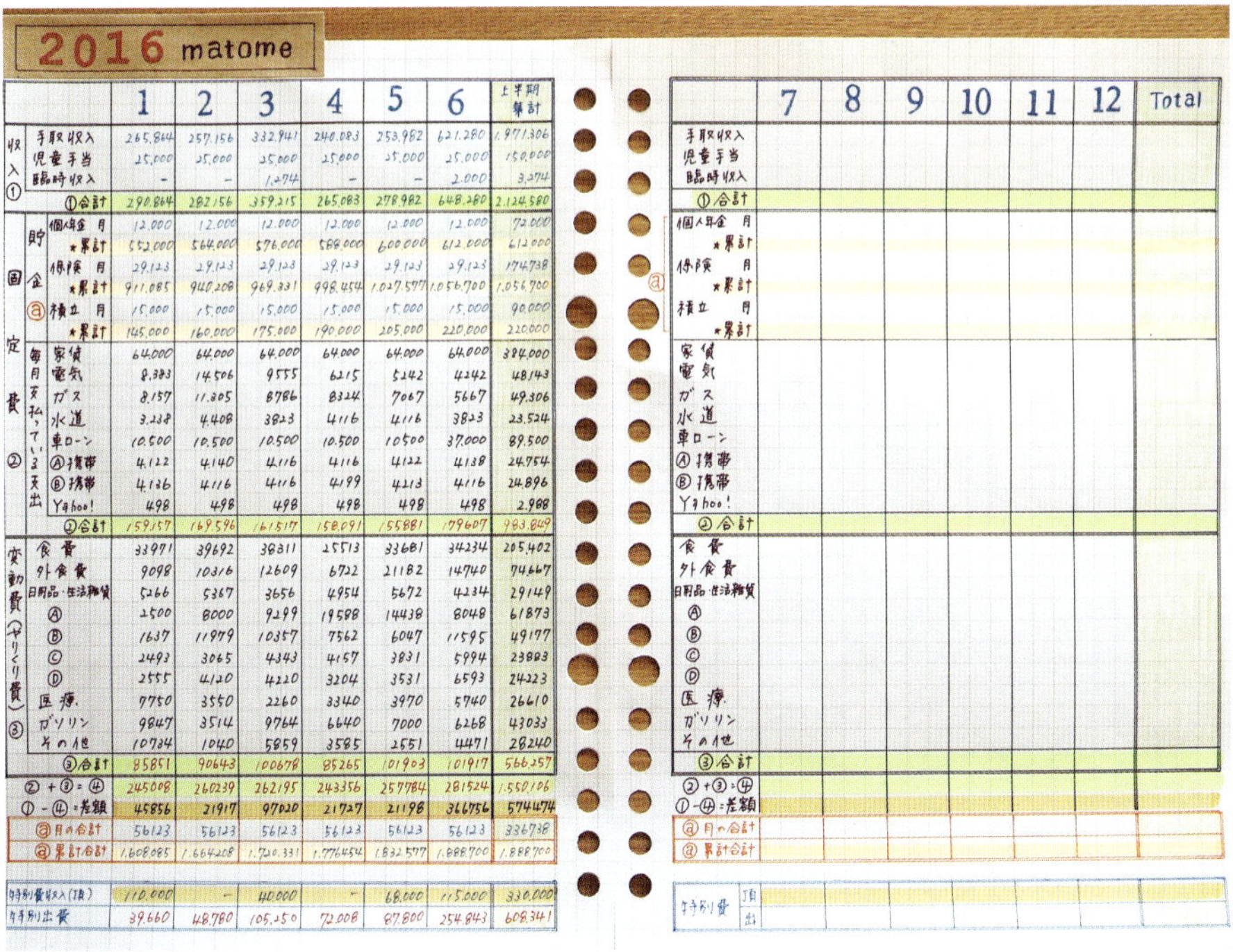

2016 matome

		1	2	3	4	5	6	上半期集計
収入①	手取収入	265.864	257.156	332.941	240.083	253.982	621.280	1.971.306
	児童手当	25.000	25.000	25.000	25.000	25.000	25.000	150.000
	臨時収入	-	-	1.274	-	-	2.000	3.274
	①合計	290.864	282156	359.215	265.083	278.982	648.280	2.124.580
固定費② 貯金ⓐ	個人年金 月	12.000	12.000	12.000	12.000	12.000	12.000	72.000
	★累計	552.000	564.000	576.000	588.000	600.000	612.000	612.000
	保険 月	29.123	29.123	29.123	29.123	29.123	29.123	174.738
	★累計	911.085	940.208	969.331	998.454	1.027.577	1.056.700	1.056.700
	積立 月	15.000	15.000	15.000	15.000	15.000	15.000	90.000
	★累計	145.000	160.000	175.000	190.000	205.000	220.000	220.000
毎月支払っている支出	家賃	64.000	64.000	64.000	64.000	64.000	64.000	384.000
	電気	8.383	14.506	9555	6215	5242	4242	48143
	ガス	8.157	11.305	8786	8324	7067	5667	49.306
	水道	3.238	4.408	3823	4116	4116	3823	23.524
	車ローン	10.500	10.500	10.500	10.500	10500	37.000	89.500
	Ⓐ携帯	4.122	4.140	4.116	4116	4122	4138	24.754
	Ⓑ携帯	4.136	4116	4116	4199	4213	4116	24.896
	Yahoo!	498	498	498	498	498	498	2.988
	②合計	159.157	169.596	161.517	158.091	155881	179607	983.849
変動費(やりくり費)③	食費	33971	39692	38311	25513	33681	34234	205.402
	外食費	9098	10316	12609	6722	21182	14740	74.667
	日用品・生活雑貨	5266	5367	3656	4954	5672	4234	29149
	Ⓐ	2500	8000	9299	19588	14438	8048	61873
	Ⓑ	1637	11979	10357	7562	6047	11595	49177
	Ⓒ	2493	3065	4343	4157	3831	5994	23883
	Ⓓ	2555	4120	4220	3204	3531	6593	24223
	医療	7750	3550	2260	3340	3970	5740	26610
	ガソリン	9847	3514	9764	6640	7000	6268	43033
	その他	10784	1040	5859	3585	2551	4471	28240
	③合計	85851	90643	100678	85265	101903	101917	566.257
	②+③=④	245008	260239	262195	243356	257784	281524	1.550.106
	①-④=差額	45856	21917	97020	21727	21198	366756	574474
	ⓐ月の合計	56123	56123	56123	56123	56123	56123	336738
	ⓐ累計合計	1.608.085	1.664.208	1.720.331	1.776454	1.832.577	1.888.700	1.888.700

	1	2	3	4	5	6	
特別費収入(預)	110.000	-	40.000	-	68.000	115.000	330.000
特別出費	39.660	48.780	105.250	72.008	87.800	254.843	608.341

	7	8	9	10	11	12	Total
手取収入							
児童手当							
臨時収入							
①合計							
個人年金 月							
★累計							
保険 月							
★累計							
積立 月							
★累計							
家賃							
電気							
ガス							
水道							
車ローン							
Ⓐ携帯							
Ⓑ携帯							
Yahoo!							
②合計							
食費							
外食費							
日用品・生活雑貨							
Ⓐ							
Ⓑ							
Ⓒ							
Ⓓ							
医療							
ガソリン							
その他							
③合計							
②+③=④							
①-④=差額							
ⓐ月の合計							
ⓐ累計合計							
特別費 預							
特別費 出							

7 1年決算まとめる

私は、1年間の決算をまとめています。1年分……と考えると大変な作業に感じますが、毎月書き出すようにしていればさほどむずかしいことではありません。

基本的には、毎月集計のときに求める総収入と総支出、その差額を別紙に書き出すだけ。そのほかに、固定費貯金の月の合計と累計を書いています。特別費の月の使用額と、毎月の上書き合計も書いておくと便利です。決算作業は、月々書き出した数字を足していくだけで完了するのでとっても簡単。気負わずに取り組みましょう。

家族のライフプラン
家族年表を作る

家族年表は、我が家の歴史を書き留めるためのものです。家族のイベントの思い出や印象に残ったできごと、大きな買い物をした時期、どこに旅行に行ったなど、覚えておきたいことを記録しています。月単位で表を作成しているので、数か月先の予定があればふせんに書いて貼っています。

ライフプランは、定年までの資金繰りを意識するために作成しました。このプランを立てることで「子供の高校と大学の入学時期が重なるから、この年はすごくお金がかかるな」などと、未来を把握することができます。また今後の出費に備えて、将来の蓄えを増やそうと意識が高まります。

どちらの表にも、家族それぞれの年齢を書くことで「この年には育児から少し手が離れるから、パートを始めよう」「このくらいにはマイホームを持っておきたいな」などと具体的な目標を立てることができます。

こうして将来のことが考えられるようになったのも、家計簿のおかげだと思います。家計簿をつける前は「今のことで精いっぱい。将来のことまで考えられない」と不安ばかりを抱えていました。けれど、家計の把握が進むうちに無理なく備えができるようになり、今ではこれからの未来がとても楽しみです。

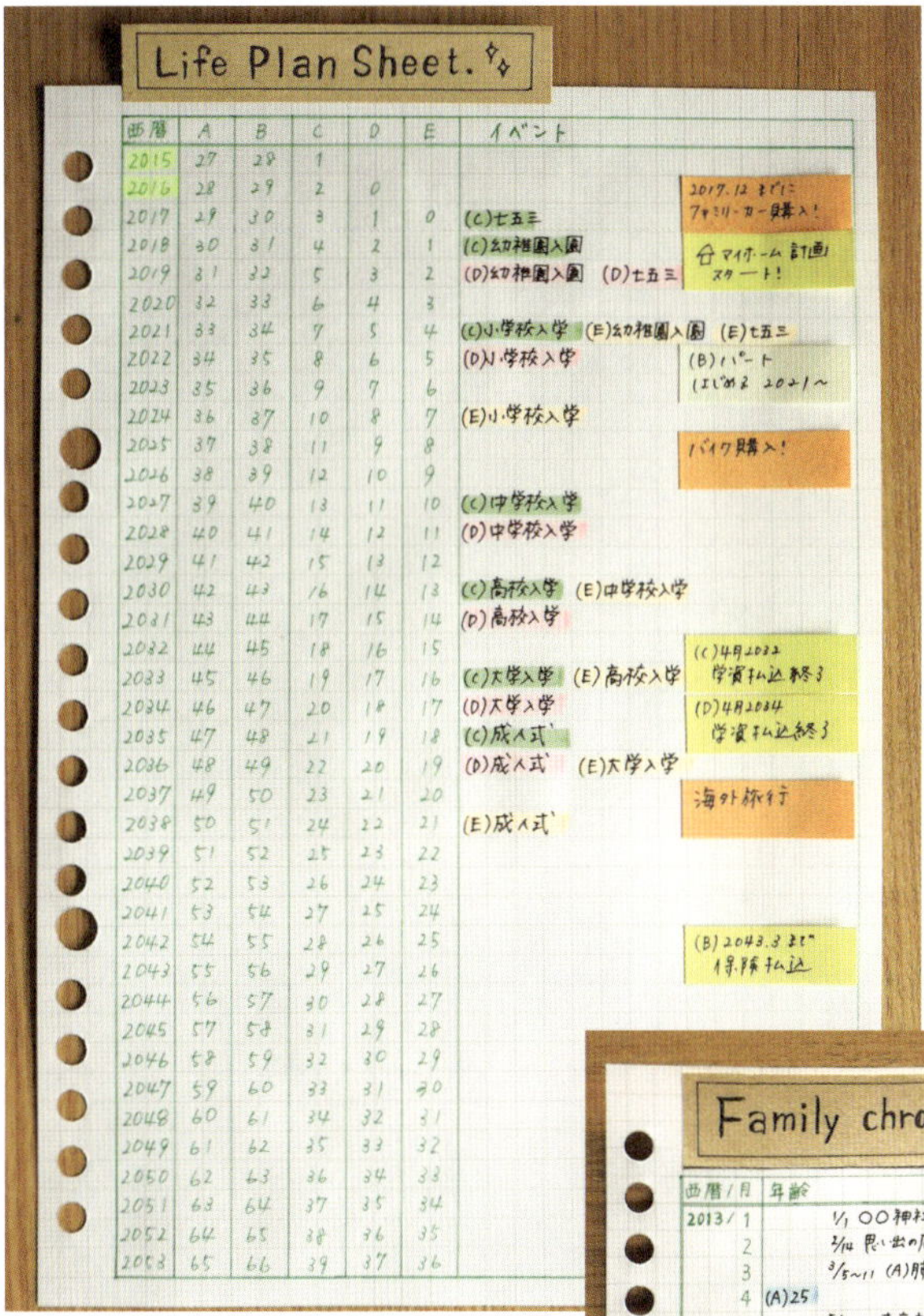

私は、確実ではない予定に関してはふせんに書いて貼り付けるようにしています。予定がずれても紙を汚さずに書き直せます。

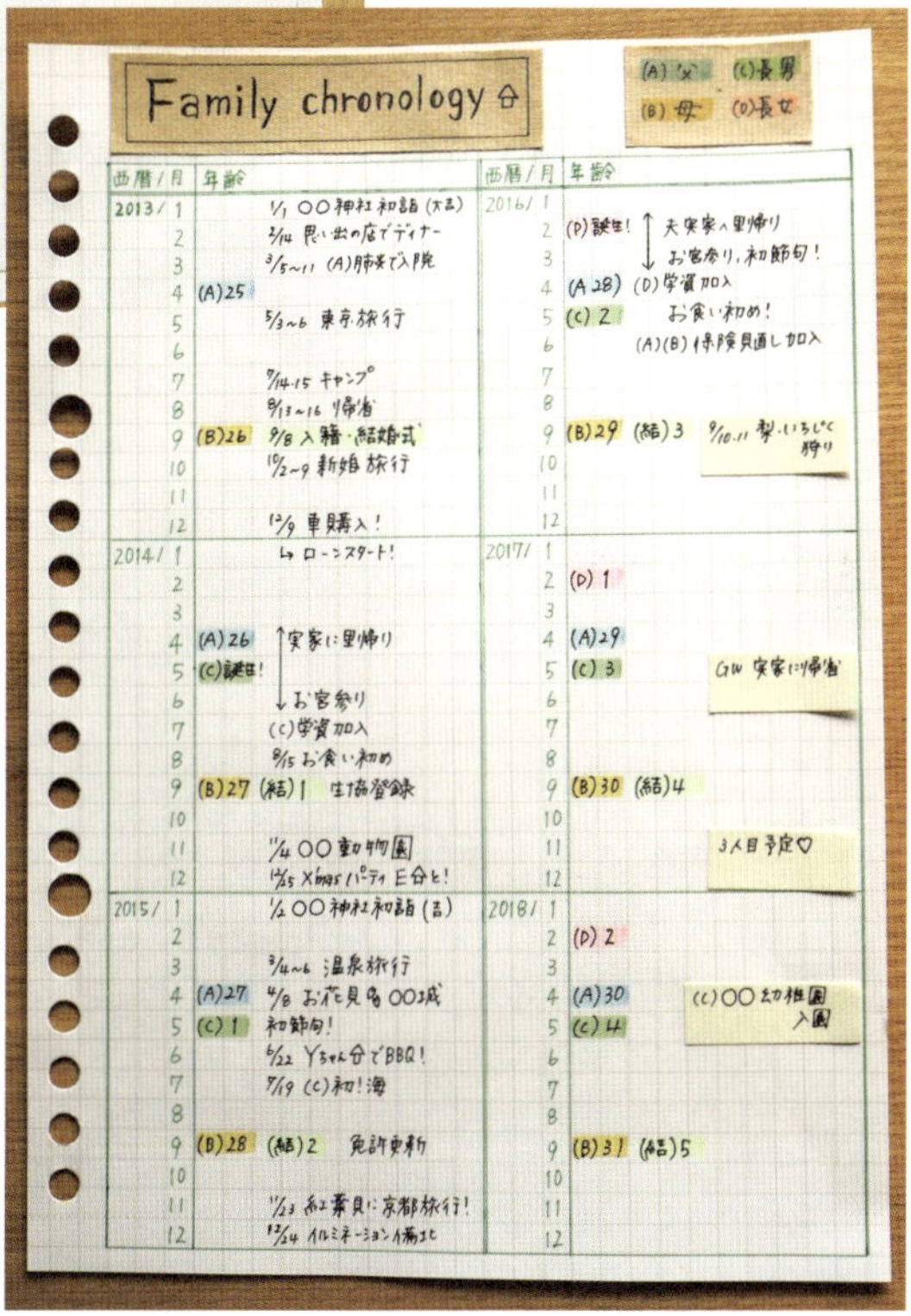

特に覚えておきたい、楽しかった旅行やイベントを書いています。見返したときに色々なことを思い出せて気分が上がります。予定やしたいことなどをふせんに記入して貼っておくと、プランや準備が立てやすくなります。

Part 04

家計簿をはじめてよかったこと

以前の私は「今を生きていければ」という考えで、家計を把握することはもちろん、将来のことはまるで頭にありませんでした。そんな私ですが結婚を機に夫に家計を任されたことがきっかけで、はじめて真剣に家計簿と向き合うようになりました。家計簿をつけるようになって、私自身の性格や考え方はもちろん、家族との関係性や人生までもがガラリと変わりました。この先のページが皆さんの後押しになれば嬉しいです。

よかったこと1

家計について答えられるようになった

私が家計簿をはじめたのは、保険プランナーさんに家計について簡単な質問をされたときに、全く回答できなかった悔しさからです。また、お金を預かっている立場なのに、夫に家計について説明できないことについても罪悪感を感じていました。

それらのことから、私は家計簿をつけるうえでの目標を〝家計を把握すること〟に設定し、固定費も特別費も1から10まで把握することに努めてきました。努力の甲斐あって、今はどんな質問をされても答えられる自信があります。

よかったこと2

夫との関係が変わった

お金の把握ができていないときは、夫に「欲しいものがある」と相談されても「私だって我慢しているのに……」とつい喧嘩腰になってしまいました。

それが家計の把握ができてからは、普段のやりくりがしっかりできるようになったので、文句を言ったり「無理！」と頭ごなしに拒絶したりすることはなくなりました。やさしく対応し、家計簿を見て冷静な判断ができるようになったのです。お金が原因で喧嘩することもなくなり、夫との信頼関係も強くなりました。

よかったこと3

欲のバランスがとれるようになった

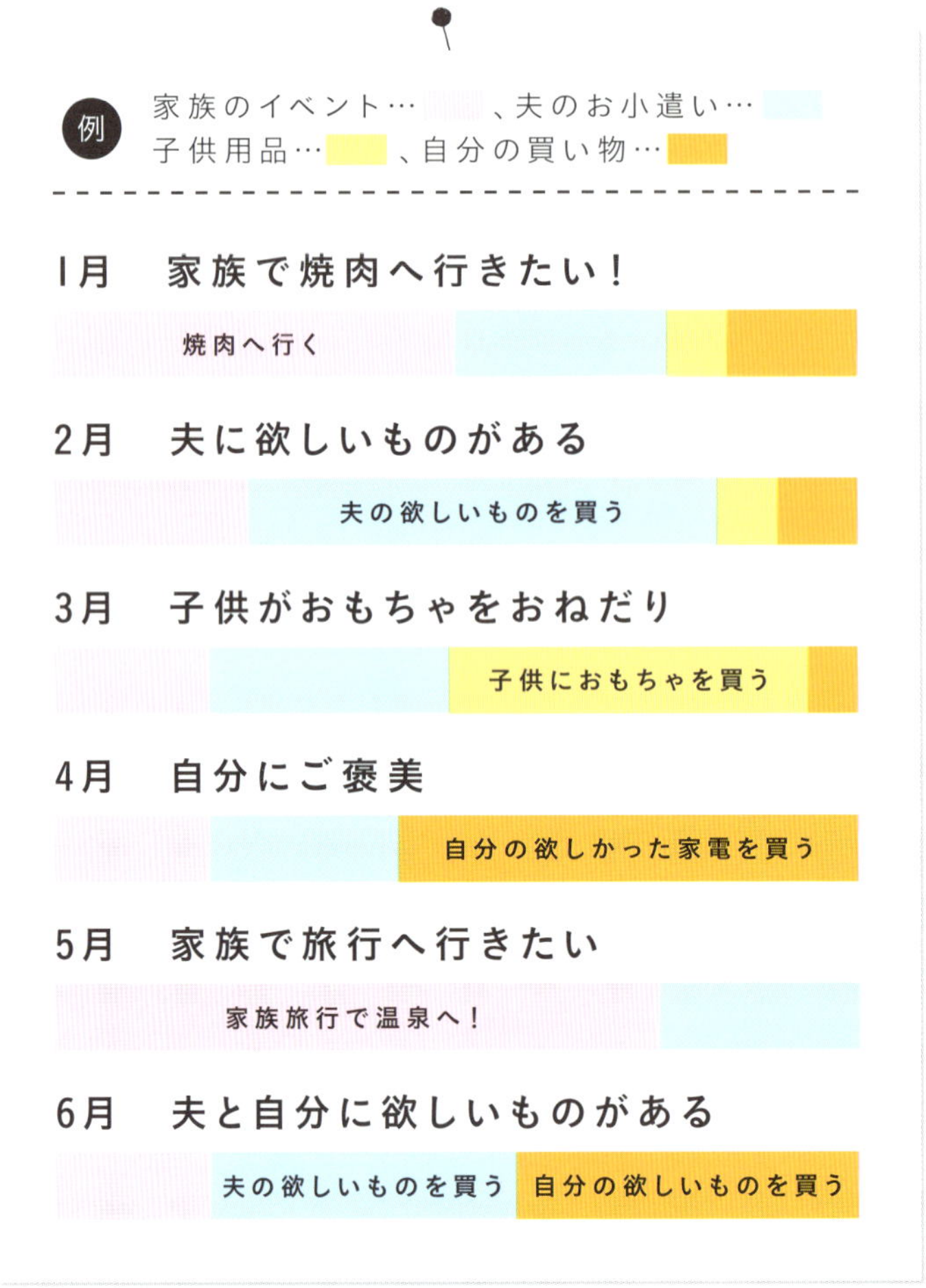
例
家族のイベント…、夫のお小遣い…
子供用品…、自分の買い物…
1月　家族で焼肉へ行きたい！
焼肉へ行く
2月　夫に欲しいものがある
夫の欲しいものを買う
3月　子供がおもちゃをおねだり
子供におもちゃを買う
4月　自分にご褒美
自分の欲しかった家電を買う
5月　家族で旅行へ行きたい
家族旅行で温泉へ！
6月　夫と自分に欲しいものがある
夫の欲しいものを買う
自分の欲しいものを買う

欲しいものは我慢せずに購入できるように、常に〝欲のバランス〟を考え、調節しています。

たとえば「息子がプラレールを欲しがっているけれど、夫も洋服を欲しがっている」という状況のときは、夫に相談してその月は息子の欲に比重を置き、夫は翌月にしてもらうことでひと月に出費が固まらないようにします。これが欲のバランスです。NOではなく確実な未来なので、ストレスをためることなく待つことができます。

よかったこと4

家族との思い出がよりよいものに

私の家計簿は買った記録だけでなく、その日にあったさまざまなことをメモするようにしています。日記が続かない人も、家計簿なら記録のついでにちょっとしたことを書くだけでよいので続けられます。

また、特別費予算を立てるときに誕生日などのイベント予算も組み込んでおくことで、突然お金の心配をする必要がなくなりました。以前はせっかくのお祝いの日にお金のことを考えてしまい、心から楽しむことができませんでしたが、今は安心してお祝いすることができます。

撮影：吉田写真堂

よかったこと5

いるものしか買わなくなった

家計を把握するうちに、本当に欲しいものと、そんなに強く欲しいと思っていないものなのに買ってしまっているものがあることに気付きました。

そのうえ、お金に余裕がないからこそ「お得なものは買わないと！」と使命感に燃え、ストックがあるのに必要以上に買い物をすることもよくあったんです。

本当に欲しいものは部屋があふれるほどはありません。「ものが増えること＝欲が満たされる」という思考に陥っている人は少なくないでしょうが、家計簿を通して、本当に欲しいものを買っているか、一度振り返ってみるのはどうでしょうか。

よかったこと6

底値がわかるようになった

家計簿にどの店で、何をいくらで買ったかを書いていくと、品物の底値を把握できるようになります。たとえば、私の好きな食パンはA店では180円ですが、B店では160円です。20円の差はひと月に換算すると、大きいですよね。ひとつひとつどこで、何を買ったかを家計簿に書き写していくだけで、底値は自然と頭に入ってきます。

底値を知って、上手なやりくりを目指しましょう！

COLUMN

づんの整理術

いくらお得なものでも1か月の予算で、1年分のストックを買えば当然その月は赤字になります。ストックのし過ぎは在庫把握もしづらく、場所もとります。ストックの量が減ると、部屋の整理整頓もできるようになりました。ものが減るから当然ですね。

具体的にはストック品の買い方を見直すだけで、カラーボックス3つ分だった収納が、ひとつで足りるようになりました。なくなるのが不安だから買う、という意識ではいくら買っても安心できません。1か月で使うには残りの日数で足りるかどうか、それを基準に買い足しています。家の中のものを把握することは、家計を把握することに繋がっているんです。

今でこそ、部屋には必要なものしか置かないようにしていますが、昔は結構散らかっていました。そんな生活を経験したからこそ、今ではいらないものや、いつか使うだろうととっておくものは処分して、心がときめくもの、家で主役で使いたいもの、テイストが好きなものしか置かないように心がけたんです。

家計簿と、部屋の状態は繋がっていると思います。必要以上の買い物をしないことで生活もシンプルになって、自然と整理整頓ができるようになりました。

Before

After

押入れビフォーアフター。ビフォーはとりあえず空いているスペースにものを押し込んだだけで、このときは家計簿もうまくいっていませんでした。必要なもの、ときめくものだけ置くようにしたアフター。普段は見えないところでも、ふすまを開けるとわくわくする空間にすることで、心もスッキリ。この時期から家計簿も黒字にな変わってきました。

リビングに置いてある収納棚。上2段は家計簿や手帳などよく使うものを、下2段は救急箱やドライヤーなどを収納しています。効率のよい場所に必要なものだけを収納しているので、ごちゃごちゃせずスッキリした印象に。毎日使う家計簿セットは取り出しやすい位置に置くことがポイント。思いついたときにすぐに書けるような環境作りを心がけましょう。

家計簿の作業をしているリビングのテーブル。スッキリした空間では心を落ち着けて、作業に専念することができます。棚は夫の友人の家具職人が作ってくれた、オリジナルデザインのものです。

よかったこと7

未来への不安がなくなった

家計を把握することで、漠然とした未来への不安はなくなりました。日々支出している金額がわかっているから、子供が成長して進学したときに固定費が増えても、慌てることはありません。

それでも、これからの未来に全く不安がないわけではありません。老後まで長い道のり、どんなお金がいくらかかるのか、全部想像できるわけではないからです。でも、常に現状を把握することが大切です。ピンチになっても慌てずに、すぐに具体的な打開案を考えることができますよ。

よかったこと8

ポジティブになった

今まで

「○○買ってよ、お母さん！」

「今、そんなお金なんかありません！」

**あるかどうかわからないのに、
やみくもに断っていた**

現在

「○○買ってよ、お母さん！」

「（今月は大きな予定もないし、予算に収まりそうだからいいかな！）わかったよ。ずっと欲しがっていたし、大事に遊んでね」

**きちんと家計を把握して前向きに
すぐ対応できるようになった**

家計簿をつけるようになって、家計にも心にも余裕が生まれるようになりました。以前は、たとえば「欲しいけれど、値段が高い」という品物があったときに「高いから言いづらいな、また喧嘩になっちゃうな」と、相談すらできない状態でした。

それが今では、毎月どれくらい余裕があるか、完全に把握できているので「○○円くらいするんだけど」と高価な買い物を相談されても「ちょっと待っててね、家計簿を見てみるね」と、ポジティブに対応できるようになりました。家族ともよい関係になったと思います。

インスタグラムで づんの家計簿は変わった

インスタグラムをはじめたのは、自分の成長や趣味を記録していこうと思ったためです。

家計簿をアップしたのは、友人に「づんはどんな風に家計簿をつけているの？」と聞かれたことがきっかけです。フォロワーは友人が2～3人程度だったので載せてもいいか、とアップしました。「家計簿」というハッシュタグをつけて投稿したら、「書き方を教えてほしい」と数名からコメントをいただきました。参考になるなら、と家計簿の投稿をメインで行うように。

リアルな我が家の家計簿をそのまま載せると、フォロワーの数がどんどん増えました。私も見ている人がいるなら、と丁寧な字や、色などを工夫してより見やすい家計簿を心がけるようになりました。

自分以外の人が見ていることを意識して書き方や形を変えると、自分にとってもわかりやすい方法になったり、ルールがより明確になったりしました。「づんの家計簿」はインスタグラムと一緒に家計簿を頑張っている方たちのおかげで今の形になったんです。

「家計簿タグ」をつけてはじめて家計簿を投稿した写真。

給与明細の一覧表を投稿したところ、フォロワーさんも次々と作成！「夫に感謝するようになった」と感謝の言葉をもらいました。

フォロワーさんはリアルな数字が知りたいので、家計簿ではそのまま明かしています。写真を通して自分の字を見て、もう少し丁寧に書こうと反省。

億劫で大変だと思っていた“集計”をもっとスムーズにできないか、試行錯誤していた頃。ガントーチャートを活用したら、見事に快適に！ ひらめいたときの喜びは忘れられません。

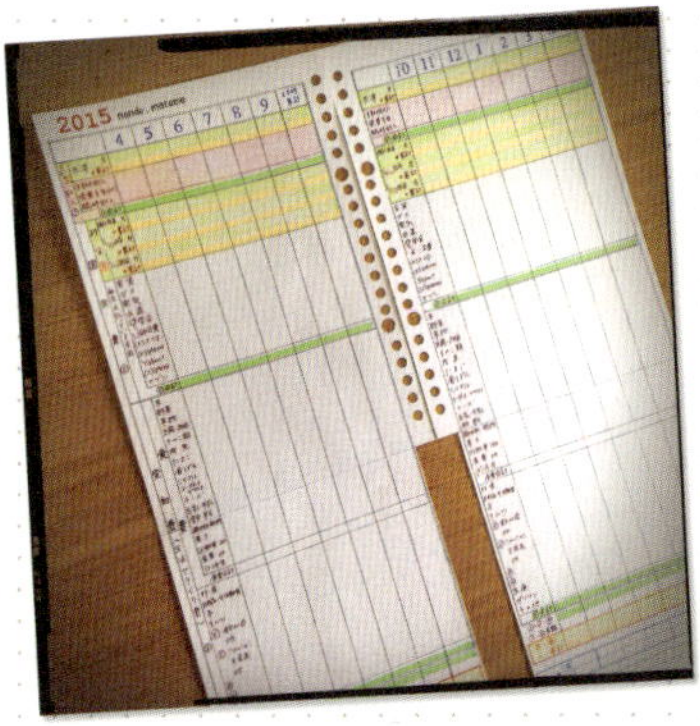

「づんの家計簿」を発案してからというもの、ずっと試行錯誤し続けていた1年間の決算表。書いては納得せず……ということを繰り返して、ようやく完成した集大成です。しっくりくる書き方に辿り着いたときの達成感はそれはそれは大きかったです。

おわりに

2015年に自分の趣味や片付けなどを記録として残していこうと、インスタグラムをはじめました。少しずつ同じような趣味を持つ方と交流が増え、あるきっかけで自分の家計簿を載せたら、瞬く間に輪が広がり、その半年後に今回お世話になった出版社さんから書籍化のお話をいただきました。

何の資格もなければ一般的な家計簿の知識もない私が、オリジナルで考えてつけている家計簿を世に広めることになるとは思ってもいなかったので、本当にいいのか!?と思う反面、インスタグラムで多くの方が書き方をさかのぼって調べていただくのは大変だな、と感じていたので書籍化希望の声に応えられる喜びは大きかったです。

私はインスタグラムで「子供が小さくて家計簿をつける余

裕がない」「仕事が忙しくて手が回らない」などという声をよく聞きます。でも、私はそんな忙しい方にこそ「づんの家計簿」を試してほしいと思っています。たとえば、夕飯の準備で煮込み料理をしている5分の間に、子供がお昼寝をしている30分の間に、と少しの空き時間でも思い立ったらすぐに記録することができるのが特徴です。

この本を読んで改めてお金の管理をしなきゃと思った方、自分が毎月どれくらいのお金で生活しているのか把握したいと思った方、無駄なく貯金をしながら満足いくお金の使い方ができるようになりたいと思った方、将来の蓄えについて真剣に考え出した方……ひとつでも当てはまった方はぜひ気軽に「づんの家計簿」をはじめてみてください。

きっと人生がポジティブに変わっていきますよ♪

づん

Profile

づん

鹿児島県出身。島根県在住。3歳と2歳の二児の母であり、現在第三子を妊娠中。自作の家計簿をインスタグラムに投稿したところ、美麗でわかりやすい家計簿が大人気に。インスタグラムのフォロワー数は3万人を超え、「づんの家計簿」のタグは、6500件以上の投稿が集まっている。

インスタグラムのアカウント：@zunizumi
ブログ　http://ameblo.jp/zunizumi/

Staff

装丁・デザイン：片岡寿理（Flippers）
イラスト：森千夏
編集制作：茂木理佳・高橋清彩・矢作美和
（バブーン株式会社）

楽しく、貯まる「づんの家計簿」書きたくなるお金ノート

発行日　2016年10月5日 第1刷発行
2016年12月20日 第6刷発行
著者　づん

編集　大木淳夫
編集協力　知野美紀子　横井秀忠
発行人　木本敬巳
発行・発売　ぴあ株式会社
〒150-0011　東京都渋谷区東1-2-20　渋谷ファーストタワー
編集　03(5774)5267
販売　03(5774)5248
印刷・製本　株式会社シナノ パブリッシングプレス

ISBN 978-4-8356-2898-1